Hase-Ems-Tour

Zwei-Flüsse-Rundtour im Osnabrücker und Cloppenburger Land und im Emsland

Ein original *bikeline*-Radtourenbuch

VERLAG**ESTERBAUER**

bikeline®-Radtourenbuch
Hase-Ems-Tour

A-3751 Rodingersdorf, Hauptstr. 31
Tel.: +43/2983/28982-0, Fax: -500
E-Mail: bikeline@esterbauer.com
www.esterbauer.com
6. überarbeitete Auflage 2021
ISBN: 978-3-85000-907-2

Bitte geben Sie bei jeder Korrespondenz die Auflage und die ISBN an!

Erstellt in Kooperation mit der Hasetal Touristik GmbH und dem Tourismusverband Osnabrücker Land

Dank an alle, die uns bei der Erstellung dieses Buches tatkräftig unterstützt haben, s. S. 99

Das *bikeline*-Team: Birgit Albrecht-Walzer, Katharina Amon-Schneider, Sabine Bacher-Baumgartner, Beatrix Bauer, Michael Binder, Veronika Bock, Petra Bruckmüller, Roland Esterbauer, Dagmar Güldenpfennig, Martina Kreindl, Ingrid Leidinger, Nora Ludolph, Gregor Münch, Mario Nakić, Karin Neichsner, Carmen Paradeiser, Manuel Randa, Claudia Retzer, Petra Schartner, Sonja Schleifer, Petra Schnetz, Christian Thoren, Isabella Tillich, Martin Trippmacher, Daniel Welser, Carina Winkelhofer, Martin Wischin, Wolfgang Zangerl

Umschlagbilder: TV Osnabrücker Land : Bauernhof in der Kulturlandschaft Artland, Sonnenaufgang über der Hase; Samtgemeinde Herzlake: Aselager Mühle

Bildnachweis: © Adrian v. Allenstein - fotolia: 84; Alfsee GmbH: 38; André Franke – stock.adobe.com: 71; © Blickfang - fotolia: 30; Emsland Tourismus GmbH: 60; Emsland Touristik GmbH: 8, 54, 56, 64, 68, 72 78; Michael Smogavetz: 92; Gemeinde Geeste: 66; Hasetal Touristik GmbH: 10; Lingen Wirtschaft & Tourismus GmbH, Simon Clemens, Matthias Horn: 70; © mekcar -fotolia: 36; Naturpark Moor: 65, 66; pixabay: 22, 61, 62; Rheine. Tourismus. Veranstaltungen e.V.: 83; Samtgemeinde Bersenbrück: 42; Samtgemeinde Herzlake: 52; Stadt Ibbenbüren: 86; Stadtmarketing Ibbenbüren GmbH: 88; Stadtmarketing Löningen: 50; TI Bersenbrück: 40, 41; TI Ibbenbüren: 90; TourismusMarketing Artland GmbH: 46; Tourismusverband Osnabrücker Land e.V., 24; TV Osnabrücker Land: 17, 20, 22, 26, 28, 29, 31; VB, 11; Veronika Bock: 34, 45; Verkehrsverein Rheine: 80; VVV Emsbühren Touristik GmbH: 77, 74, 75

Kartographie erstellt mit axpand (www.axes-systems.com)

bikeline

Was ist bikeline?

Wir sind ein Team von Redakteuren, Kartografen, Geografen und anderen Mitarbeitern, die allesamt begeisterte Radfahrerinnen und Radfahrer sind. Ins „Rollen“ gebracht hat das Projekt 1987 eine Wiener Radinitiative, die begonnen hat, Radkarten zu produzieren. Heute tun wir dies als Verlag mit großem Erfolg. Mittlerweile gibt's bikeline® Bücher in fünf Sprachen und in vielen Ländern Europas.

Um unsere Bücher immer auf dem letzten Stand zu halten, brauchen wir auch Ihre Hilfe. Schreiben Sie uns, wenn Sie Unstimmigkeiten oder Änderungen in einem unserer Bücher entdeckt haben.

Wir freuen uns auf Ihre Rückmeldung (redaktion@esterbauer.com),

Ihre bikeline-Redaktion

Vorwort

Saftig grünes Weideland und weitläufige Moor- und Heidelandschaften begleiten Sie entlang der Flüsse Hase und Ems. Malerische und kulturell spannende Städte und Dörfer säumen die Ufer dieser beiden norddeutschen Flüsse, und die ebene Landschaft lädt ein zu einem geruhsamen Radurlaub in reizvoller Natur. Genießen Sie eine Fahrt mit dem Hasetal-Express oder eine Draisinenfahrt auf stillgelegter Bahnstrecke, besichtigen Sie die zahlreichen Sehenswürdigkeiten entlang der Radroute wie zum Beispiel das Moormuseum oder das seltene Naturphänomen der Bifurkation. Am Ende des Tages können Sie sich mit regionalen Köstlichkeiten verwöhnen lassen, um für den nächsten Tag wieder gut gestärkt zu sein.

Präzise Karten, genaue Streckenbeschreibungen, zahlreiche Stadt- und Ortspläne, Hinweise auf das kulturelle und touristische Angebot der Region und ein umfangreiches Übernachtungsverzeichnis – in diesem Buch finden Sie alles, was Sie zu einer Radtour auf der Hase-Ems-Tour brauchen – außer gutem Radlwetter, das können wir Ihnen nur wünschen.

Kartenlegende

Radrouten (cycling routes)

Hauptroute, wenig KFZ-Verkehr
(main cycle route, low motor traffic)

- asphaltiert (main cycle route, paved surface)
- nicht asphaltiert (main cycle route, unpaved surface)
- schlecht befahrbar (main cycle route, bad surface)

Hauptroute, autofrei / Radweg
(main cycle route, without motor traffic / cycle path)

- asphaltiert (cycle path, paved surface)
- nicht asphaltiert (cycle path, unpaved surface)
- schlecht befahrbar (cycle path, bad surface)

Ausflug od. Variante, wenig KFZ-Verkehr
(excursion or alternative cycle route, low motor traffic)

- asphaltiert (excursion or alternative route, paved surface)
- nicht asphaltiert (excursion, unpaved surface)
- schlecht befahrbar (excursion, bad surface)

Ausflug od. Variante, autofrei / Radweg
(excursion or alternative route, without motor traffic / cycle path)

- asphaltiert (excursion or alternative route, paved surface)
- nicht asphaltiert (excursion, unpaved surface)
- schlecht befahrbar (excursion, bad surface)

Sonstiges (other cycle routes)

- sonstige Radroute (other cycle route)

- verkehrsreiche Radroute (cycle route with significant motor traffic)
- Kopfsteinpflaster (cobbled street)
- Einbahnführung (one-way connection)
- Fährverbindung (ferry connection)
- unbekannter Belag (road surface unknown)
- Tunnel (tunnel)
- Schiebestrecke (dismounting recommended)
- Zugverbindung (train connection)
- Radweg in Planung (planned cycle path)
- Radweg gesperrt (closed cycle path)
- Radstreifen mit Verkehr (cycle lane)
- Radstreifen, straßenbegleitender Radweg (cycle path along road)
- Straße für Radfahrer gesperrt (road closed to cyclists)
- Beschriebene Fahrtrichtung (described direction)
- 5 Wegpunkt (waypoint)

Steigungen / Entfernungen (gradient / distance)

- starke Steigung (steep gradient, uphill)
- leichte bis mittlere Steigung (light gradient, uphill)
- 2,4 Entfernung in Kilometern, gerundet (distance in km, rounded)

Radinformationen (important cycling information)

- Fahrradwerkstatt* (bike workshop*)
- Fahrradvermietung* (bike rental*)
- überdachter Abstellplatz* (covered bike stands*)
- abschließbarer Abstellplatz* (lockable bike stands*)
- E-Bike Ladestation (E-bike charging station)
- Infotafel* (information board*)
- Gefahrenstelle (dangerous section)
- Text beachten (read text carefully)
- Treppe (stairs)
- Tragestrecke (bicycle must be carried!)
- Engstelle* (constriction, bottleneck*)
- 17 42 Knotenpunktnummer der Wegweisung* (nodal point)
- Stadt-, Ortsplan (city map)

Nur in Ortsplänen (symbols only in the city maps)

- Parkhaus* (garage*)
- Theater* (theatre*)
- Post* (post office*)
- Apotheke* (pharmacy*)
- Krankenhaus* (hospital*)
- Feuerwehr* (fire-brigade*)
- Polizei* (police*)

* Auswahl (* selection)

Maßstab 1 : 50.000

1 cm ≙ 500 m   1 km ≙ 2 cm

0 1 2 3 4 5 6 7 8 9 10

Sehenswertes / Einrichtungen (sights of interest / facilities)

- Kirche; Kapelle (church; chapel)
- Kloster (monastery/convent)
- Synagoge; Moschee (synagogue; mosque)
- Schloss, Burg; Ruine (palace, castle; ruin)
- Turm; Leuchtturm (tower; lighthouse)
- Wassermühle; Windmühle (watermill; windmill)
- Kraftwerk (power station)
- Bergwerk; Höhle (mine; cave)
- Flughafen; Denkmal (airport; monument)
- sonstige Sehenswürdigkeit (other sight of interest)
- Museum (museum)
- Ausgrabungen; röm. Objekte (excavations; roman site)
- Tierpark; Natur-Information (zoo; nature info)
- Naturschutzgebiet, -denkmal (nature reserve, monument)
- sonstige Natursehenswürdigkeit (natural sight of interest)
- Aussichtspunkt* (panoramic view*)
- Tourist-Information; Gasthaus (tourist information; restaurant)
- Hotel, Pension; Jugendherberge (hotel, guesthouse; youth hostel)
- Camping-; Naturlagerplatz* (camping site; simple tent site*)
- Einkaufsmöglichkeit*; Kiosk* (shopping facility*; kiosk*)
- Rastplatz*; Unterstand* (picnic tables*; covered stand*)
- Freibad; Hallenbad (outdoor pool; indoor pool)
- Naturbad; Thermal-/Erlebnisbad (natural pool; thermal baths/waterpark)
- Brunnen*; Parkplatz* (drinking fountain*; parking lot*)
- Schönern sehenswertes Ortsbild (picturesque town)
- Einrichtung im Ort vorhanden (facilities available)

Topographische Informationen (topographic information)

- Kirche; Kapelle (church; chapel)
- Kloster (monastery)
- Synagoge; Moschee (synagogue; mosque)
- Schloss, Burg; Ruine (palace, castle; ruins)
- Turm; Leuchtturm (tower; lighthouse)
- Wassermühle; Windmühle (windmill; water mill)
- Kraftwerk; Solaranlage (power station; solar power station)
- Bergwerk; Höhle (mine; cave)
- Denkmal; Hügelgrab (monument; burial mound)
- Flughafen; Flugplatz (airport; airfield)
- Windkraftanlage (windturbine)
- Funk- und Fernsehanlage (TV/radio tower)
- Umspannwerk, Trafostation (transformer station)
- Wegkreuz; hist. Grenzstein (wayside cross; boundary stone)
- Sportplatz, Stadion (playing field, stadium)
- Golfplatz; Tennisplatz (golf course; tennis courts)
- Schiffsanleger; Schleuse (boat landing; sluice/lock)
- Quelle; Kläranlage (natural spring; wastewater treatment plant)
- Staatsgrenze mit Übergang (international border crossing)
- Landesgrenze (country border)
- Kreis-, Bezirksgrenze (district border)
- Naturschutzgebiet, Naturpark, Nationalpark (nature reserve, national park)
- Truppenübungsplatz, Sperrgebiet (prohibited zone)
- Höhenlinie 100m/50m (contour line)
- UTM-Gitter (in km; 2 km-Gitter) (UTM-grid)

- A13 B12 Autobahn; Schnellstraße (motorway/freeway; expressway)
- B236 Fernverkehrsstraße (highway)
- Hauptstraße (main roads)
- untergeordnete Hauptstraße (secondary main road)
- Nebenstraße; Fahrweg (secondary road; side street/access road)
- Weg; Fähre (track; ferry)
- Straße geplant/in Bau (road planned/under construction)
- Eisenbahn/Bahnhof; S-Bahnhof (railway/station; suburban station)
- Eisenbahn stillgelegt; geplant (railway disused; planned)
- Schmalspurbahn (narrow gauge railway)
- Bergbahn; Seilbahn (mountain railway; cable car)
- Wald; Parkanlage (forest; park)
- Sumpf; Heide (marsh/bog; heath)
- Weinbau; Gartensiedlung* (vineyards; allotment gardens*)
- Steinbruch, Tagebau* (quarry, open cast mine*)
- Friedhof; Düne, Strand (cemetery; dunes, beach)
- Watt; Gletscher (tidal flats; glacier)
- Felsen; Geröll (rock, cliff; scree)
- Gewächshäuser*, Plantage* (greenhouses*, plantation*)
- Gewerbe-, Industriegebiet (commercial/industrial area)
- Siedlungsfläche; öffentl. Gebäude (built-up area)
- Stadtmauer, Mauer (defensive wall, wall)
- Damm, Deich (embankment, dike)
- Kanal (canal)
- Fluss/Staumauer/See (river/dam/lake)

Inhalt

Stadtpläne

Wetterfest

Wetterfest und robust!

Für die Innenseiten dieses Buches haben wir uns etwas Besonderes einfallen lassen. Die Seiten bestehen aus hochwertigem Landkartenpapier, welches mit einer robusten und wasserabweisenden Beschichtung versehen wurde. Somit übersteht es unbeschadet auch mal ein Regenwetter.

Bitte beachten Sie: wetterfest und wasserabweisend bedeutet nicht wasserfest! Die Seiten sind gut gegen Spritzwasser geschützt und kleben, wenn sie feucht werden, nicht aneinander. Dennoch darf das Buch nicht komplett durchnässt werden.

Bitte verwenden Sie bei Dauerregen zusätzlich einen Regenschutz.

Hase-Ems-Tour

Die Hase-Ems-Tour ist als gemeinsames Projekt dreier Touristik-Unternehmen entstanden: der Emsland Touristik, des Tourismusverbandes Osnabrücker Land sowie der Hasetal-Touristik.

Die Hase entspringt im Teutoburger Wald und fließt bei Meppen in die Ems. Dieser Fluss weist eine Naturbesonderheit auf: die sogenannte Bifurkation. Dabei teilt sich der eben dahinfließende Fluss an einer Wasserscheide in zwei verschiedene Flüsse auf und erreicht über beide das Meer: die Else über die Weser, die Hase über die Ems.

Sehenswert ist zudem das Hase-Binnendelta bei Quakenbrück, das während der letzten Eiszeit entstanden ist und ein von vielen Hasearmen durchzogenes Gebiet bildet. Diese zahlreichen Flussverzweigungen vereinigen sich jedoch wieder zu einem einzigen Hauptlauf.

Die Ems entspringt ebenso wie die Hase im Teutoburger Wald und mündet in der Bucht des Dollard nahe der deutsch-niederländischen Grenze in die Nordsee. Das Gebiet entlang der Ems ist seit der Zeit der Neandertaler ständig besiedelt, da das Wasser das Überleben in früheren Zeiten sicherte. Auch Tiere und Pflanzen haben hier ihre Siedlungs- und Lebensräume gefunden. Heute dient die Ems als Naherholungsgebiet, und durch verschiedene Projekte wie z. B. das „Naturschutzprojekt Ems-Auen“ oder das EXPO-Projekt „Brögberner Teiche“ wird auf den Naturschutz und den Erhalt der Landschaft geachtet.

LIVE-UPDATES

Als Online-Angebot finden Sie auf unserer Webseite eine Sammlung aktueller Änderungen und Korrekturen zu diesem Radtourenbuch. Diese Informationen sind immer auf dem neuesten Stand und ermöglichen Ihnen in Kombination mit der bestehenden Auflage dieses Buches die beste Reiseplanung. Das LiveUpdate zu diesem Titel ist frei verfügbar und auf unserer Webseite beim jeweiligen Buch oder unter folgendem Link zu finden:

www.esterbauer.com/db_detail.php?buecher_code=HASE

Sind Ihnen auf Ihrer Radreise Fehler und Änderungen zur Route, zum Übernachtungsverzeichnis oder den touristischen Daten aufgefallen? Über die Updateseite können Sie diese brandneuen Infos direkt an das bikeline-LiveUpdate-Team übermitteln. Wir freuen uns auf Ihr Update und bedanken uns im Namen aller Radler!

Den aktuellen bikeline-Track zu diesem Titel finden Sie, wenn Sie folgende Adresse in die Adresszeile Ihres Browsers eingeben:

www.tracks.world/?dir=de/trk11tp168

Weitere Tracks:

www.emsland.com/urlaub/natur-aktiv/touren/details/hase-ems-tour/

Sportboot auf der Ems

Streckencharakteristik

Länge

Die Gesamtlänge der Hase-Ems-Tour beträgt **331 Kilometer**. Dazu kommen noch etwa 50 Kilometer Varianten und Ausflüge.

Wegequalität & Verkehr

Die Hase-Ems-Tour verläuft meistens auf asphaltierten bzw. gepflasterten Wegen und Straßen, manchmal führt die Route jedoch auch auf unbefestigten Wald- oder Feldwegen. Mit stärkerem Verkehr haben Sie fast nur in Ortsgebieten zu rechnen.

Mit Steigungen werden Sie vor allem zu Beginn Ihrer Tour konfrontiert, ansonsten verläuft die Route meist eben.

Streckenstatistik

Länge der Hauptstrecke: 331 km

HM/km: ↗ 1,4 m (456 m) ↘ 1,4 m (469 m)

Radweg: 39 % Unbefestigt: 16 % Verkehr: 2 %

Summe aller Strecken: 383 km

Beschilderung

Die Route ist fast durchgehend mit den Schildern der Hase-Ems-Tour ausgeschildert. Sollten diese einmal fehlen, finden Sie jedoch von Melle bis Rheine weiße Schilder mit grüner Umrandung und grünem Fahrrad und von Rheine bis Osnabrück weiße Schilder mit roter Umrandung und rotem Fahrrad.

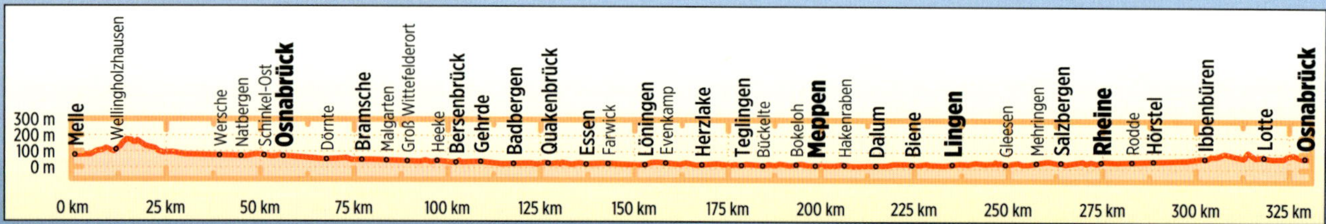

Tourenplanung

Zentrale Infostellen

Hasetal Touristik GmbH, Langenstr. 33, 49624 Löningen, ✆ 05432/599599, Fax: 599598, info@hasetal.de, www.hasetal.de

Emsland Touristik GmbH, Ordeniederung 2, 49716 Meppen, ✆ 05931/442266, Fax: 443644, info@emsland.com, www.emsland.com

Tourismusverband Osnabrücker Land e. V., Herrenteichsstr. 17/18, 49074 Osnabrück, ✆ 0541/3234570, Fax: 3232761, team@vosl.de, www.osnabruecker-land.de

Radeln ohne Gepäck: Für nur 9 Euro pro Person und Strecke werden auf der Hase-Ems-Tour vom „Hase-Ems-Gepäckservice" und vom „Emsland-Koffer-Taxi" (von April-Oktober, Nov.-März auf Anfrage) Gepäckstücke bis 20 kg transportiert, auch kurzfristig. Information und Buchung über Hasetal-Touristik unter ✆ 05432/599599, kurzfristige Buchungen unter 0170/2352597 sowie bei der Emsland-Touristik unter ✆ 05931/442266. Das Osnabrücker Land hat keinen eigenen Gepäck-Transfer-Service.

Radeln mit dem E-Bike: Hasetal-Touristik bietet zahlreiche Radtouren mit dem E-Bike an, die über jedes Reisebüro in Deutschland, Österreich und Holland gebucht werden können.

An- und Abreise mit der Bahn

Die An- bzw. Abreise gestaltet sich ziemlich unkompliziert. Osnabrück ist von jeder größeren Stadt mit maximal einmaligem Umsteigen zu erreichen, die Fahrzeit beträgt durchschnittlich 3-6 Stunden. Von Osnabrück zum Startpunkt Melle dauert die Fahrt noch einmal etwa 15 Minuten.

Aufgrund der sich ständig ändernden Preise und Bedingungen für Fahrradtransport bzw. -mitnahme empfehlen wir Ihnen, sich bei nachfolgenden Infostellen über Ihre ganz persönliche Anreise mit der Bahn zu informieren.

Informationsstellen

Deutsche Bahn AG, Service-Hotline: ✆ 0180/6996633 (€ 0,20 pro Anruf aus dem Festnetz, Tarif bei Mobilfunk max. € 0,60

Brücklein über die Hase

pro Anruf), Mo-So 0-24 Uhr, Auskünfte über Zugverbindungen, zur Fahrradmitnahme, Fahrpreise im In- und Ausland, Buchung von Tickets und Reservierungen, www.bahn.de, www.bahn.de/bahnundbike

Automatische DB-Fahrplanauskunft: ✆ 0800/1507090 (gebührenfrei aus dem Festnetz)

An- und Abreise mit dem Fernbus

Viele Fernbusunternehmen bieten auf ihren Strecken eine Radmitnahme an. Aufgrund der großen Anzahl von Fernbuslinien und -unternehmen informieren Sie sich bitte im Internet z. B. unter www.fernbusse.de.

Fahrradversand

Deutsche Bahn AG (innerhalb Deutschlands sowie zwischen Deutschland und Österreich) Wenn Sie mit der Deutschen Bahn an- und abreisen, können Sie den Gepäckservice der DB nutzen. Ihr Rad oder E-Bike wird im Haus-zu-Haus-Versand an den vereinbarten Zielort gebracht, wenn Sie im Besitz einer entsprechenden Bahnfahrkarte sind. Fahrrad oder E-Bike müssen verpackt werden und dabei roll- und lenkbar bleiben, Gewicht max. 31,5 Kilogramm. Kostenlos kann eine Fahrradverpackung zugebucht werden, bei E-Bikes muss der Akku ausgebaut sein. Informationen und aktuelle Preise finden Sie unter www.gepaeckservice-bahn.de.

Übernachtung

Entlang der Hase-Ems-Tour stehen ausreichend Gästezimmer zur Verfügung, trotzdem empfiehlt es sich, vor allem während der Hauptsaison, aufgrund der zahlreichen Radfahrer und anderen Erholungssuchenden ein Zimmer im Voraus zu reservieren.

Bei unseren Recherchen haben wir eine größtmögliche Auswahl für Sie zusammengestellt. Für alle, die Alternativen oder einfach noch mehr Anbieter suchen, gibt es nachfolgende Internet-Adressen, die auch Beherbergungen anderer Art anbieten:

Der ADFC-Dachgeber funktioniert nach dem Gegenseitigkeitsprinzip: Hier bieten Radfreunde anderen Tourenradlern pri-

Schloss Schelenburg

vate Schlafplätze an. Mehr darüber unter www.dachgeber.de

Für das Übernachten in **Jugendherbergen** informieren Sie sich weltweit am besten beim internationalen Hostelling-Dachverband unter www.hihostels.com/de. Auch die **Naturfreunde** bieten mit ihren **Naturfreundehäusern** eine Alternative zu anderen Beherbergungsarten an, mehr unter www.naturfreunde.de

Die Plattform Airbnb bietet die Möglichkeit, weltweit private Unterkünfte zu suchen und zu buchen. Infos dazu und Anbieter finden Sie auf: www.airbnb.com

Unter www.camping.info finden Sie flächendeckend den **Campingplatz** nach Ihrem Geschmack. Weiterhin bietet **Bett+Bike** unter www.bettundbike.de zusätzliche Informationen zu den beim ADFC gelisteten Beherbergungsbetrieben in ganz Deutschland.

Mit Kindern unterwegs

Die Hase-Ems-Tour gilt als familienfreundlicher Radweg, da die Strecke meist auf Radwegen oder ruhigen Landstraßen und befestigten Wegen verläuft. Mit etwas stärkerem Verkehr ist nur im Stadtgebiet zu rechnen. Auch aufgrund des ziemlich ebenen Verlaufs ohne stärkere Steigungen, ausgenommen des ersten Abschnitts von Melle bis Osnabrück, ist die Route für Kinder empfehlenswert. Daher empfiehlt es sich, mit Kindern die Tour eventuell erst in Osnabrück zu starten.

Radreiseveranstalter

Hasetal Touristik GmbH, Langenstr. 33, 49624 Löningen, ✆ 05432/599599, Fax: 599598, info@hasetal.de, www.hasetal.de

Emsland Touristik GmbH, Ordeniederung 2, 49716 Meppen, ✆ 05931/442266, Fax: 443644, info@emsland.com, www.emsland.com. Auch E-Bike-Verleih.

Zu diesem Buch

Dieser Radreiseführer enthält alle Informationen, die Sie für den Radurlaub entlang der Hase-Ems-Tour benötigen: Exakte Karten, eine detaillierte Streckenbeschreibung, ein ausführliches Übernachtungsverzeichnis, Stadt- und Ortspläne und die wichtigsten Informationen zu touristischen Attraktionen und Sehenswürdigkeiten.

Und das alles mit der ***bikeline*-Garantie**: die Routen in unseren Büchern sind von unserem professionellen Redaktionsteam vor Ort auf ihre Fahrradtauglichkeit geprüft worden. Um höchste Aktualität zu gewährleisten, nehmen wir nach der Befahrung Korrekturen von Lesern bzw. offiziellen Stellen bis Redaktionsschluss entgegen, die dann jedoch teilweise nicht mehr an Ort und Stelle verifiziert werden können.

Die Radtour ist nicht in Tagesetappen, sondern in logische Abschnitte aufgeteilt, da die Tagesleistung zu sehr davon abhängt, wie sportlich oder genussvoll Sie die Strecke in Angriff nehmen möchten.

Die Karten

Die Detailkarten sind im Maßstab 1 : 50.000 erstellt. Dies bedeutet, dass 1 Zentimeter auf der Karte einer Strecke von 500 Metern in der Natur entspricht. Zusätzlich zum genauen Routenverlauf informieren die Karten auch über die Beschaffenheit des Bodenbelages (befestigt oder unbefestigt), Steigungen (leicht oder stark), Entfernungen sowie über kulturelle, touristische und gastronomische Einrichtungen entlang der Strecke.

Allerdings können selbst die genauesten Karten den Blick auf die Wegbeschreibung nicht ersetzen. Komplizierte Stellen werden in der Karte mit diesem Symbol ⚠ gekennzeichnet, im Text finden Sie das gleiche Zeichen zur Markierung der betreffenden Stelle wieder. Beachten Sie, dass die empfohlene Hauptroute immer in Rot und Violett, Varianten und Ausflüge hingegen in Orange dargestellt sind. Die genaue Bedeutung der einzelnen Symbole wird in der Legende auf den Seiten 4 und 5 erläutert.

Höhen- und Streckenprofil

Das in der Einleitung dargestellte Höhen- und Streckenprofil gibt Ihnen einen grafischen Überblick über die Steigungsverhältnisse, die Länge und die wichtigsten Orte entlang der Radroute. Zusätzlich wird am Beginn jedes Streckenabschnitts ein detaillierteres Höhen- und Streckenprofil gezeigt, in dem über die Wegpunkte eine Zuordnung zu Karte und Text möglich ist.

Es können in diesem Überblick nur die markantesten Höhenunterschiede dargestellt werden, jede einzelne kleinere Steigung wird in dieser grafischen Darstellung nicht berücksichtigt. Die Steigungs- und Gefälleverhältnisse entlang der Route finden Sie im Detail mit Hilfe der Steigungspfeile in den genauen Karten.

Der Text

Der Textteil besteht im Wesentlichen aus der genauen Streckenbeschreibung, welche die empfohlene Hauptroute enthält. Stichwortartige Streckeninformationen werden von dem Zeichen ~ begleitet. Manche besonders markante oder wichtige Punkte auf der Strecke sind als Wegpunkte **1**, **2**, **3**,... oder als Knotenpunkte KP 1, KP 2, KP 3,... durchnummeriert und – zur besseren Orientierung – mit dem selben Symbol in den Karten wieder zu finden.

Unterbrochen wird dieser Text gegebenenfalls durch orangefarbige Absätze, die Varianten und Ausflüge beschreiben.

TIPP Textabschnitte in Violett heben Stellen hervor, an denen Sie Entscheidungen über Ihre weitere Fahrstrecke treffen müssen, z. B. wenn die Streckenführung von der Wegweisung abweicht oder mehrere Varianten zur Auswahl stehen u. ä.

AUSFLUG Sie weisen auch auf Ausflugstipps, interessante Sehenswürdigkeiten oder Freizeitaktivitäten etwas abseits der Route hin.

Ferner sind alle wichtigen **Orte** zur besseren Orientierung aus dem Text hervorgehoben. Gibt es interessante Sehenswürdigkeiten in einem Ort, so finden Sie unter dem Ortsbalken die jeweiligen Adressen, Telefonnummern, Öffnungszeiten-Kategorien und Weblinks.

Die Beschreibung der einzelnen Orte sowie historisch, kulturell oder naturkundlich interessanter Gegebenheiten entlang der Route trägt zu einem abgerundeten Reiseerlebnis bei. Diese Textblöcke sind kursiv gesetzt und unterscheiden sich dadurch auch optisch von der Streckenbeschreibung.

Öffnungszeiten – Kategorien

- Öffnungszeiten
- frei zugänglich
- täglich
- häufig (5-6 Tage/Wo.)
- durchschnittlich (3-4 Tage/Wo.)
- selten (bis 2 Tage/Wo.)
- nach tel. Anfrage

Diese Angaben gelten während der Radsaison und dienen als Orientierungshilfe. Die tagesaktuellen Öffnungszeiten finden Sie über den Weblink.

Weblink

Im Ortsdatenblock bei dem jeweiligen touristischen Eintrag befindet sich nach dem @ Symbol eine sechsstellige Zahlen- und Buchstabenkombination *(z. B. @ abc123)*. Die Eingabe dieser Weblink-ID auf unserer Internetseite www.esterbauer.com leitet Sie direkt auf die entsprechende Webseite weiter und ersetzt somit die mühsame Eingabe ellenlanger Webadressen.

Übernachtungs- und Serviceverzeichnis

Auf den letzten Seiten dieses Radtourenbuches sind zu fast allen Orten entlang der Strecke eine Vielzahl von Übernachtungsmöglichkeiten aufgelistet, vom einfachen Zeltplatz bis zum 5-Sterne-Hotel. Zusätzlich finden Sie umfangreiche Informationen zu Radwerkstätten und Radverleihstationen.

Von Melle nach Meppen

198,2 km

HM/km: ↗1,2 (240m) ↘1,5 (304m) Radweg: 38 % Unbefestigt: 17 % Verkehr: 3 %

Der erste Abschnitt führt Sie von Melle zur Hasequelle und weiter entlang der Hase nach Meppen, wo diese schließlich in die Ems mündet. Sie erleben am Lauf der Hase bei Melle-Gesmold das seltene Naturphänomen der Bifurkation, lernen sehenswerte Städte wie Osnabrück, Quakenbrück oder Herzlake kennen und können am Alfsee die Seele baumeln lassen. Nicht entgehen lassen sollten Sie sich die Ausflüge zum Schloss Schelenburg bzw. zur Schutenmühle. Schließlich können Sie ab Essen die Strecke abschnittsweise mit dem historischen Dampfzug „Hasetal-Express“ zurücklegen oder ab Quakenbrück eine Draisinenfahrt auf stillgelegter Bahnstrecke einschieben.

Die Route führt meist auf Radwegen und ruhigen Landstraßen, nur in den Stadtgebieten haben Sie mal mit stärkerem Verkehrsaufkommen zu rechnen. Steigungen sind nur zu Beginn der Strecke zu bewältigen.

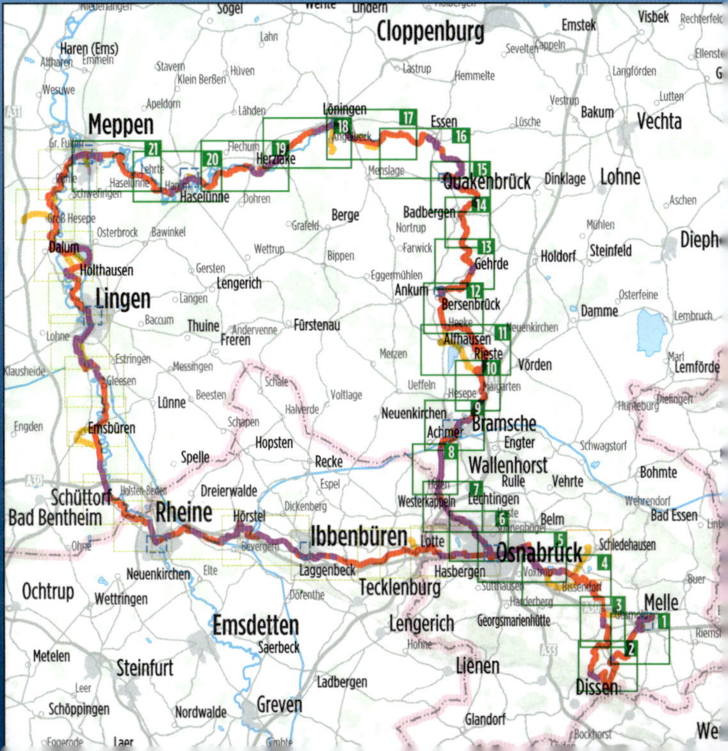

Automuseum in Melle

Melle

Vorwahl: 05422

Kultur- und Tourismusbüro, Markt 22, ✆ 9650, @ vam134

Alte Posthalterei, Haferstr. 17, ✆ 959272, ⏲ bei Ausstellungen Mi-Sa 15-18 Uhr, So 11.15-18 Uhr. Wechselnde Ausstellungen alter und zeitgenössischer Kunst. @ jqy135

Automuseum, Pestelstr. 42, ✆ 965312, ⏲ Di-So 11-18 Uhr. Gezeigt werden fahrtüchtige Fahrzeuge von den Anfängen bis zur heutigen Zeit. @ vwq868

Grönegau-Museum, Friedrich-Ludwig-Jahn-Str. 12, ✆ 3687, ⏲ Mai-Mitte Okt., Sa, So 15.30-17.30 Uhr. Das Grönegaumuseum ist ein Freilichtmuseum mit 4 Gebäuden: Der „Alte Speicher" informiert über die Meller Stadtkultur sowie regionales Brauchtum, die „Kotten" informieren über alte Bauern- und Handwerkstechniken und im „Backhaus" gibt es Brot nach alten Rezepten. @ iwf713

St. Matthäus, Kirchstr. 4. Die Kirche wurde ursprünglich als Taufkirche für den Grönegau errichtet.

St. Petri, Haferstr. Die außen im gotischen Stil gehaltene Kirche ist innen hochbarock ausgestattet.

Planetenweg, im Grönebergpark. Der 10 km lange Wanderweg führt Sie einmal durch unser Sonnensystem.

TRINK Wasser-Lehr-Pfad H2Oase, Meyer-zum-Gottesberge-Str. 96, Wasserwerk der Stadt Melle, ✆ 965337, ⏲ ganztägig. Dieser Info-Pfad bietet Einblicke sowie Informationen zum Thema Wasser. @ wet143

Wellenfreibad, Am Wellenbad 43, ✆ 958636, ⏲ Mitte Mai-Sept., Mo-Fr 7-20 Uhr, Sa 7-19 Uhr, So/Fei 8-19 Uhr

GröngauBad, Am Wellenbad 43, ✆ 958636

Von Melle nach Wellingholzhausen — *11,5 km*

1 Startpunkt ist der Bahnhof in Melle ~ vom Bahnhof die **Bahnhofstraße** hinunter ~ weiter auf der **Mühlenstraße** und rechts in die **Bismarckstraße** ~ links in die **Weststraße** ~ kurz vor der Brücke rechts und dem Radweg entlang des Ufers folgen ~ beim Brücklein links über die Else und

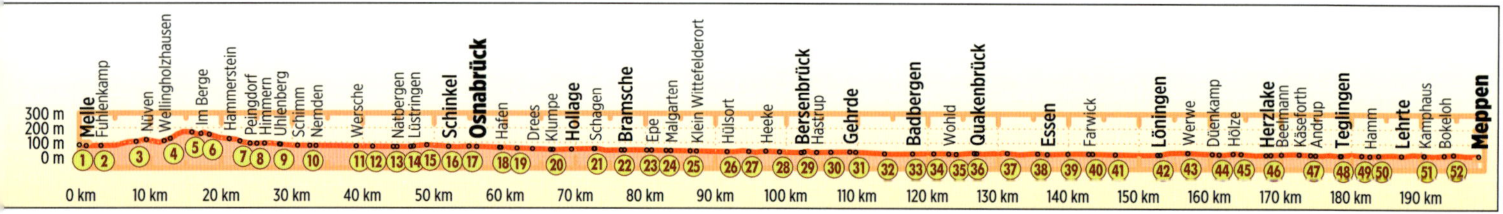

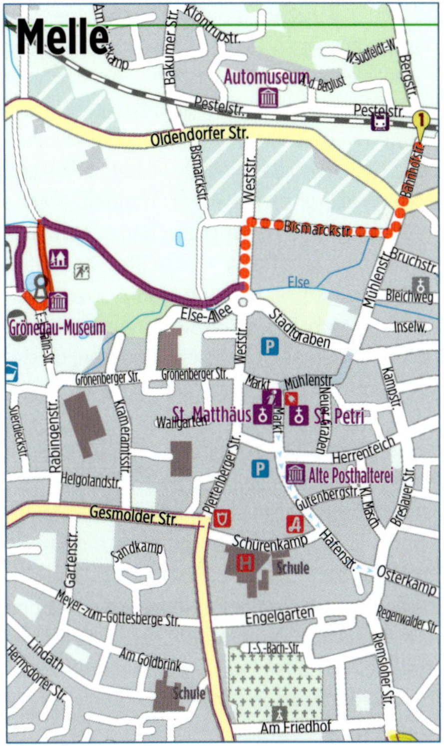
Melle
Klöntrupstr.
Bakumer Str.
W.-Südfeldt-W.
Bergstr.
Automuseum
Pestelstr.
Pestelstr.
Oldendorfer Str.
Bismarckstr.
Weststr.
Bahnhofstr.
Bismarckstr.
Bruchstr.
Mühlenstr.
Else
Bleichweg
Else-Allee
Stadtgraben
Inselw.
Grönegau-Museum
Weststr.
Grönenberger Str.
Grönenberger Str.
Markt
Mühlenstr.
Kampstr.
St. Matthäus
St. Petri
Wallgarten
Markt
Neuer Graben
Suerdieckstr.
Rabingenstr.
Kramerantsstr.
Plettenberger Str.
Herrenteich
Alte Posthalterei
Helgolandstr.
Gutenbergstr.
Kl. Masch
Breslauer Str.
Gesmolder Str.
Schürenkamp
Hafenstr.
Sandkamp
Gartenstr.
Schule
Osterkamp
Meyer-zum-Gottesberge Str.
Engelgarten
Regenwalder Str.
Lindath
J.-S.-Bach-Str.
Riemsloher Str.
Am Goldbrink
Hermsdorfer Str.
Schule
Am Friedhof

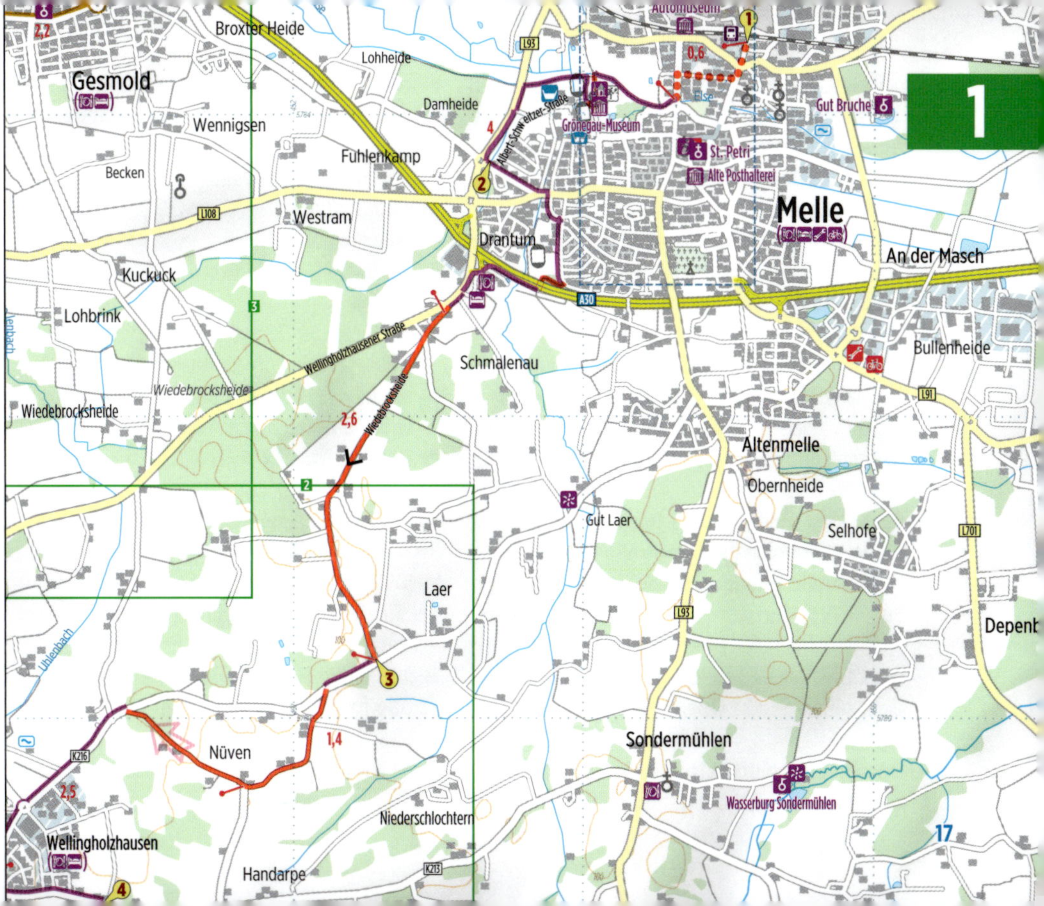
2,2
Broxter Heide
Automuseum
Lohheide
0,6
Gesmold
Damheide
Else
Gut Bruche
Wennigsen
4
Albert-Schweitzer-Straße
Grönegau-Museum
Becken
Fuhlenkamp
St. Petri
Alte Posthalterei
L93
L108
Westram
Melle
Drantum
An der Masch
Kuckuck
A30
Lohbrink
Wellingholzhausener Straße
Schmalenau
Bullenheide
Wiedebrocksheide
Wiedebrocksheide
Wiedebrocksheide
2,6
L91
Altenmelle
Obernheide
Gut Laer
Selhofe
L701
Laer
L93
Depent
Uhlenbach
Nüven
1,4
K216
Sondermühlen
2,5
Wasserburg Sondermühlen
Niederschlochtern
Wellingholzhausen
K213
Handarpe

geradeaus → den kleinen See rechts umrunden und rechts der Sportplätze zum Flüsschen Else zurück → vor dem Ufer links → vor der Straßenunterführung dem Radweg nach links folgen → eine Straße überqueren und weiter bis zur Gesmolder Straße → **2** links in die **Gesmolder Straße** → über den Kanal und rechts in die **Meyer-zum-Gottesberge-Straße**, eine Tempo-30-Zone → nach dem Linksbogen rechts in den **Reinickendorfer Ring** → beim Linksbogen der Straße rechts in den schmalen Weg, dem Schild Richtung Altenmelle folgen → nach der Linkskurve unter der Autobahn hindurch und dahinter rechts halten → weiter auf dem Weg vorbei an der Autobahnabfahrt und dem Hotel Melle → dem Radweg links neben der **Wellingholzhausener Straße** folgen → links in die Straße **Wiedebrocksheide** und auf dieser bis zur Vorfahrtsstraße → **3** an der Vorfahrtsstraße rechts halten, hier befindet sich auch ein rechtsseitiger Rad- und Fußweg → bald links in die schmale Straße **Obernüven** einbiegen.

Nüven

Durch Nüven hindurch → an der Dreieckskreuzung bei dem Gehöft rechts halten und sanft hinab → durch ein Waldstück und dahinter links auf die **K 216** → auf dem rechtsseitigen Radweg nach Wellingholzhausen hinein → am Kreisverkehr geradeaus.

Wellingholzhausen (Melle)

St. Bartholomäus. Dreischiffige neugotische Hallenkirche von 1861. Die fast 60 m hohe Kirche wird auch Gröneberger Dom genannt.

NSG Beutling. Der 220 m hohe Berg Beutling ist dicht bewaldet und wurde bereits 1937 unter Naturschutz gestellt. Ein Baumlehrpfad mit 30 Stationen erschließt das Gebiet, er führt auch vorbei am 30 m hohen Aussichtsturm.

Freibad, Im Winkel 2, ✆ 05429/447

Von Wellingholzhausen nach Wersche *27,5 km*

Im Zentrum links auf die Straße **Am Ring**, vorbei an der Kirche und nach einigen Metern links in die **Sondermühlener Straße** → Sie verlassen den Ort → **4** bei der ersten Möglichkeit rechts in die **Hornstraße** → dem Verlauf der Straße folgen → gerade über die Vorfahrtsstraße Richtung Borgholzhausen → hier findet sich auch ein Wegweiser zur Hasequelle (2,4 km) → weiter dem Verlauf der Straße folgen → **5** rechts den Schildern folgend in den **Haseweg** und vorbei an der **Hasequelle** → an den nächsten beiden T-Kreuzungen rechts halten → es geht steil bergauf → der starken Rechtskurve folgen → auf einem kurzen Stück durch den Wald → bis an den Rand vom Wellingholzhausener Ortsteil Placke → **6** gleich nach dem Ortsschild scharf links in die **Schützenstraße** → dem Straßenverlauf weiter folgen → es geht dann über einen kleinen Bach in den Wald hinein, dahinter rechts → ⚠ hier ist Vorsicht geboten, da der Weg ziemlich eng und holprig ist → weiter dem Waldweg folgen → rechts am Waldrand ist der Kronensee zu sehen → ⚠ kurz danach an der asphaltierten Straße links auf die nach beiden Seiten sehr schlecht einsehbare Straße → gleich wieder rechts in die Straße **Wakenbrink** → dem asphaltierten Straßenverlauf im sanften Hinab und Hinauf folgen → **7** an der Vorfahrtsstraße rechts Richtung Wellingholzhausen und gleich wieder links in die **Peingdorfer Straße** → weiter bis zur Kreuzung in Peingdorf.

Peingdorf

In die Straße **Auf der Bleie** rechts Richtung Gesmold und zur Bifurkation ⁓ **8** an der Vorfahrtsstraße rechts und die Hase überqueren ⁓ Sie verlassen die Straße nach links und folgen weiter dem Weg ⁓ vor der Vorfahrtsstraße links Richtung Gesmold in die **Uhlenberger Straße** ⁓ durch den kleinen Ort **Himmerheide** ⁓ bei allen Abzweigungen geradeaus halten ⁓ weiter bis Uhlenberg.

Uhlenberg

Weiter dem Straßenverlauf folgen ⁓ **9** am Ortsende an der Hauptstraße links halten Richtung Bifurkation ⁓ über den Uhlenbach und die Hase ⁓ danach rechts und gleich wieder rechts bis zur Bifurkation.

Die Bifurkation der Hase

Die Bifurkation ist ein weltweit sehr seltenes Phänomen. Dabei teilt sich ein Fluss auf zwei verschiedene Flüsse auf, in diesem Falle Hase und Else, die wiederum in zwei unterschiedliche Flusssysteme münden – die Ems und die Weser. Die Else sucht sich den Weg weiter

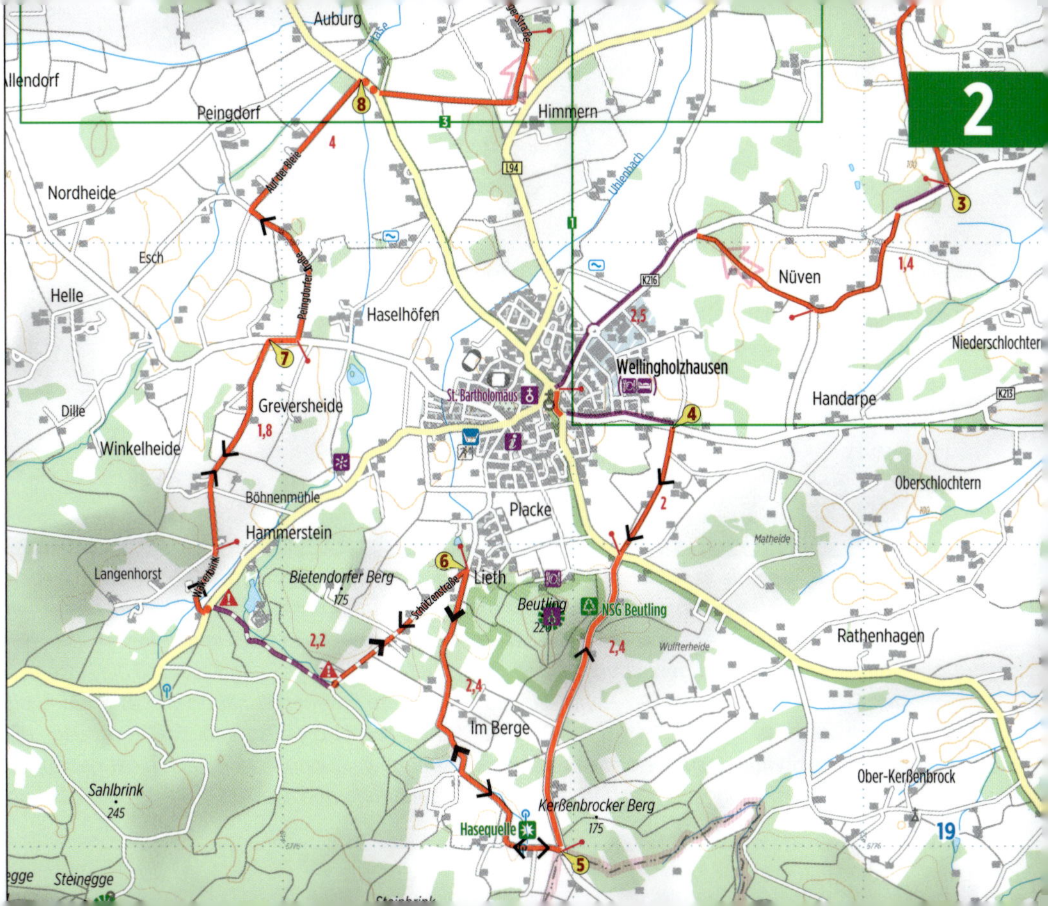

Bifurkation der Hase

Richtung Osten, die Hase fließt weiterhin Richtung Nordwesten. Bis heute ungeklärt ist die Frage, warum sich die Hase an dieser Stelle teilt. Überlieferungen zufolge soll vor langer Zeit der Ritter Herwarth um die Hand der Müllerstochter Else angehalten haben. Dies war jedoch dem Vater des Ritters nicht recht, und er verlangte die Auflösung der Verlobung. Else jedoch weigerte sich, den Ring zurückzugeben – woraufhin der Vater der Müllerstochter einen Dolch in die Brust stach und sie in die Hase warf. Aufgrund dieses Ereignisses soll die Hase sich wütend zweigeteilt haben und seitdem fließt nun rechts die Else von der Hase weg. Bis heute weiß man jedoch noch nicht genau, ob die Bifurkation natürlichen Ursprungs oder ob sie durch Ableitung von Wasser entstanden ist.

Dem Weg weiter bis zur Brücke folgen ~ hier links auf den schmalen asphaltierten Weg ~ an der T-Kreuzung rechts halten und nach Schimm.

Schimm

AUSFLUG Wenn Sie an der Ortsstraße rechts fahren, können Sie Schloss Gesmold einen Besuch abstatten.

Gesmold (Melle)

St.-Petrus-Kirche. Das in der Ortsmitte gelegene klassizistische Kirchengebäude stammt aus dem Jahr 1883. Im Inneren des zwölfeckigen Rundbaus ist die Kuppel kunstvoll ausgemalt.

Schloss Gesmold, Schlossallee 5, ✆ 05422/44216, Führungen durch den Schlosspark n. Vereinb. Die einstige Renaissance-Anlage mit ihren drei Wassergräben wurde im 17. Jh. aufwändig zu einem barocken Herrensitz umgestaltet. Mit Schlossladen und Café im Orangenhaus (zu Redaktionsschluss war es leider vorübergehend geschlossen). @ gbl571

An der Vorfahrtsstraße links und gleich darauf wieder rechts ~ die Autobahn überqueren und weiter dem Straßenverlauf folgen ~ es geht durch **Warringhof** hindurch ~ an der Kreuzung geradeaus weiter ~ **10** an der T-Kreuzung der Vorfahrtsstraße links Richtung Bissendorf und Nemden folgen ⤳ nach Nemden hinein.

Nemden (Bissendorf)

Schloss Ledenburg. Das ursprünglich aus dem 14. Jh. stammende Wasserschloss ist nach einem Brand im Jahr 1618 im Stil der späten Weserrenaissance wieder aufgebaut worden. Die idyllische Anlage ist für Besucher leider nicht zugänglich und kann nur von außen besichtigt werden.

An der Vorfahrtsstraße rechts Richtung Wersche und Wissingen ⤳ weiter dem Straßenverlauf folgen ⤳ 600 m nach dem Ortsrand rechts in den schmalen, asphaltierten Weg und an der T-Kreuzung nochmal rechts ⤳ an der Gabelung links halten ⤳ der Weg führt nach Halle.

Halle

An der Kreuzung rechts ⤳ dem Straßenverlauf folgen und weiter in der Linkskurve am Waldrand entlang ⤳ links in die Straße **Im Hasetal** ⤳ weiter auf dem etwas holprigen Asphaltweg ⤳ der starken Linkskurve folgen und weiter bis zur Vorfahrtsstraße ⤳ hier rechts halten Richtung Bissendorf und Wissingen ⤳ noch vor Wersche rechts in den Weg abzweigen ⤳ vorbei an einigen Häusern ⤳ an der T-Kreuzung links ⤳ geradeaus über die Kreuzung mit der Vorfahrtsstraße und nach Wersche hinein.

Wersche

AUSFLUG **Wollen Sie dem Städtchen Bissendorf mit dem Sonnensee und Einkehrmöglichkeiten einen Besuch abstatten, fahren Sie an der Kreuzung geradeaus.**

Bissendorf

Gemeindeverwaltung, Kirchpl. 1, im Rathaus, 05402/4040, @ lpc214

Achelriede. Die Kirche wurde in den Jahren 1720-25 errichtet. Sie ist die einzige Emporenkirche im Osnabrücker Land

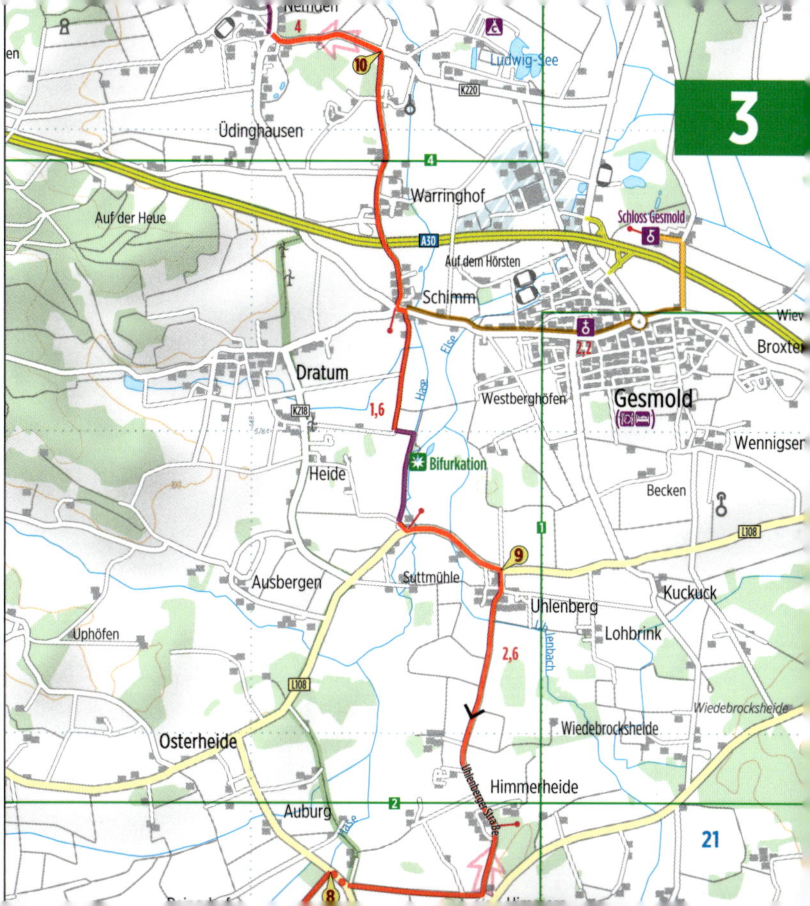

Unweit der Bifurkation der Hase

Pfarrkirche St. Dionysius. Besonders sehenswert sind der frühromanische Taufstein, ein Triumphkreuz aus dem 13. Jh., ein spätgotischer Schnitzaltar sowie die Malereien im Jugendstil.

Von Wersche nach Osnabrück 16 km

11 Im Ort rechts in die **Thiestraße** ~ weiter bis zur Kreuzung.

AUSFLUG Hier haben Sie die Möglichkeit, einen Abstecher zum Wasserschloss Schelenburg – es gilt als eines der schönsten Wasserschlösser des Osnabrücker Landes – zu machen. Das Schloss befindet sich in Privatbesitz und ist nur von außen zu besichtigen.

Zum Schloss Schelenburg 4 km

An der Kreuzung geradeaus Richtung Wissingen ~ an der T-Kreuzung rechts weiter und die Hase überqueren ~ weiter dem Radweg entlang der stark befahrenen Straße folgen ~ die Gleise überqueren und nach Wissingen hinein

Wissingen

Beim Kreisverkehr wieder geradeaus halten Richtung Schledehausen und Freibad ~ weiter auf der **K 325** bleiben ~ an der Kreuzung am Ortsrand links halten, dem Schild Richtung Schloss Schelenburg folgen ~ auf dieser Straße nun bis zur Vorfahrtsstraße ~ rechts halten ~ auf der Radfahrer-Brücke auf das Areal des zu Schledehausen gehörenden Schlosses Schelenburg.

Schledehausen (Bissendorf)

Vorwahl: 05402

Tourist-Information, Bergstr. 19, ✆ 404800, @ mlp174

St. Laurentius, Bergstr. 5. Die katholische Kirche wurde im Jahr 1897 im neugotischen Stil errichtet. Der westfälische Zylinder-

Bissendorf, St. Dionysius

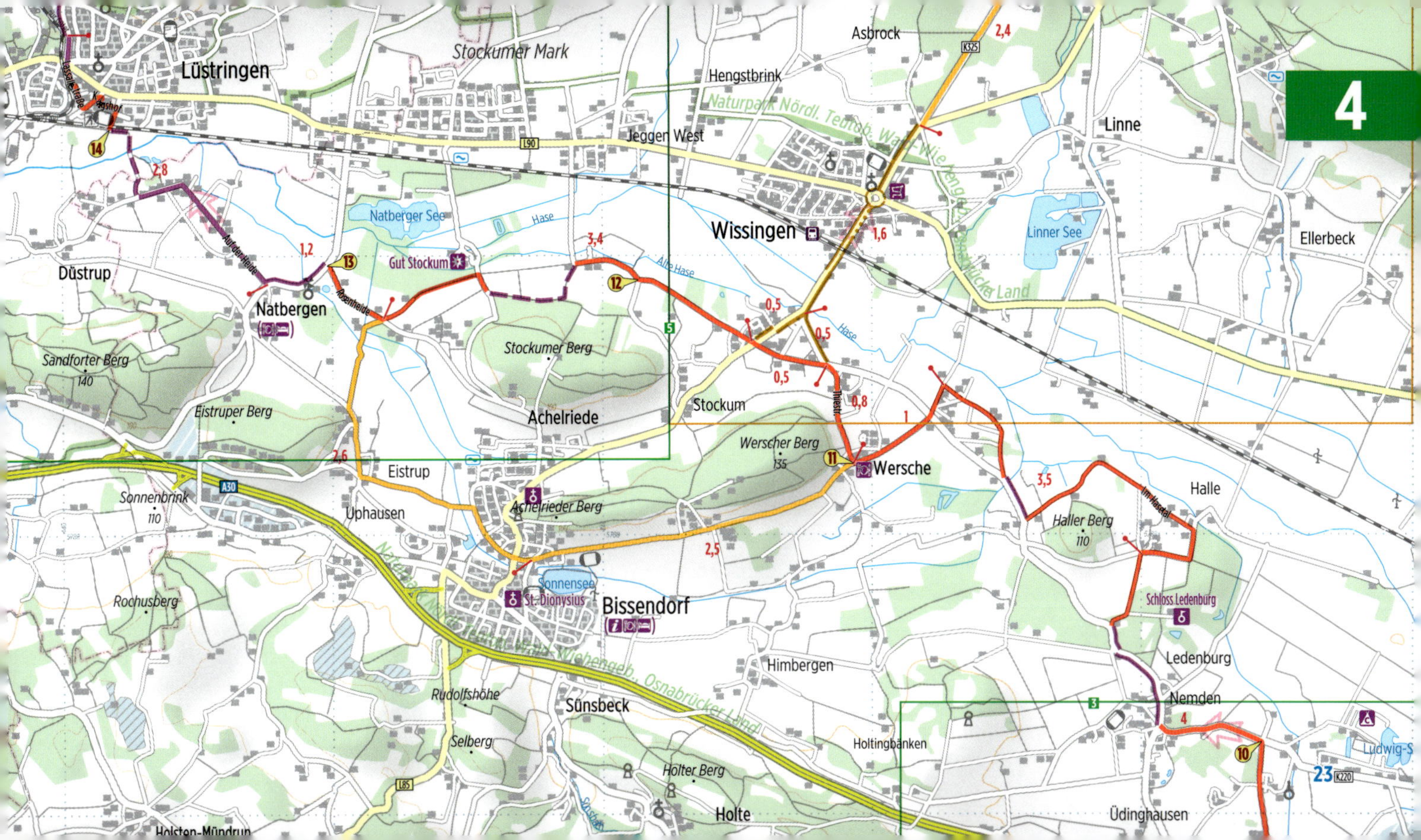
4
Lüstringen
Stockumer Mark
Asbrock
Hengstbrink
Naturpark Nördl. Teutob. Wald-Wiehengeb., Osnabrücker Land
Linne
Jeggen West
L90
K325
2,4
Wissingen
Natberger See
Hase
Linner See
Ellerbeck
Düstrup
Auf der Heide
2,8
1,2
13
Gut Stockum
3,4
12
Alte Hase
1,6
14
Natbergen
Rosenheide
0,5
0,5
0,5
Sandforter Berg
140
Stockumer Berg
Eistruper Berg
Achelriede
Stockum
Thiestr.
0,8
1
Wescher Berg
135
11
Wersche
2,6
Eistrup
3,5
Halle
Sonnenbrink
110
A30
Uphausen
Achelrieder Berg
Haller Berg
110
Im Haseta
2,5
Sonnensee
St. Dionysius
Bissendorf
Rochusberg
Schloss Ledenburg
Ledenburg
Himbergen
Rudolfshöhe
Sünsbeck
Nemden
4
Selberg
Holtingbänken
10
23
K220
Ludwig-S
Holter Berg
L85
Holte
Üdinghausen
Holsten-Mündrup

Schloss Schelenburg

taufstein und das Taufbecken stammen aus der heute evang. Laurentiuskirche.

- **St. Laurentius**, Große Str. 7. Die heutige evang. Kiche ist als spätromanische Saalkirche im 13. Jh. entstanden. Sehenswert sind u. a. der Rokoko-Altar, die Kanzel sowie eine Kreuzigungsgruppe aus Eichenholz.
- **Wasserschloss Schelenburg**, Burgweg 1, ✆ 8021. Die Burg (11. Jh.) gilt als das älteste Renaissancebauwerk Norddeutschlands. Errichtet wurde die Burg auf Pfählen über wasserreichem Untergrund. Bei einem Brand im 15. Jh. wurde fast die gesamte Anlage zerstört und im 16. Jh. wieder neu errichtet. Der Innenraum ist leider nicht zu besichtigen. @ vot771
- **Hohe Leuchte**, Bergstr. 4. Das alte Zweiständerhaus stammt aus dem Jahr 1607.
- **Kurgarten**. In dem zentral gelegenen Kurgarten werden im Sommer zahlreiche Veranstaltungen abgehalten

Im Zentrum des kleinen Ortes Schelenburg gibt es gleich zwei Kirchen, noch dazu mit gleichem Namen. Die ältere Kirche wurde ab 1803 fast 100 Jahre als Simultankiche von Katholiken und Protestanten genutzt, ging dann aber Ende des 19. Jahrhunderts mit allen Rechten an die Protestanten. Für die katholische Kirchgemeinde entstand in unmittelbarer Nähe ein neues Gotteshaus.

Auf der Hauptroute fahren Sie an der Kreuzung hinter Wersche links in den Anliegerweg ~ vorbei an einigen Häusern ~ an der Kreuzung geradeaus Richtung Lüstringen und Natbergen ~ **12** an der T-Kreuzung rechts halten ~ in der Rechtskurve der Straße links ab, der Weg ist für Autofahrer gesperrt und wird kurz darauf unbefestigt ~ an der Asphaltstraße rechts, kurz darauf wieder links in den Anliegerweg ~ an der Kreuzung rechts in die Straße **Rosenheide** ~ **13** an der T-Kreuzung links und weiter auf dem rechtsseitigen Rad- und Fußweg ~ rechts in den Anliegerweg **Auf der Heide** ~ weiter nach Natbergen.

Natbergen (Bissendorf)

Vorwahl: 05402

- **Gut Stockum**, Gut Stockum 1, ✆ 4119, ✆ 0172/3727663. Eine der ältesten Ministerialsiedlungen des Hochstiftes Osnabrück. Heute ist das alte Rittergut zu einem Reiterhof mit Pferdeställen, Gästezimmern und einer Reitanlage ausgebaut. @ yeo756

Rechts in einen schmalen gekiesten Weg ~ vorbei an einem Haus und über die Hase ~ der Weg beschreibt einen Linksbogen und führt entlang der Gleise ~ **14** im Rechtsbogen über die Gleise und weiter auf der Straße **Hasewinkel** ~ nach Osnabrück hinein ~ links in die Straße **Königshof** und am Ende im Schlenker links weiter auf der Straße **Königsfeld** ~ rechts in die **Lassallestraße** ~ Sie befinden sich nun in **Darum-Gretesch-Lüstringen**, einem Ortsteil von Osnabrück ~ die **Mindener Straße** überqueren und weiter auf der Straße **Burg Gretesch**, hier befindet sich auch ein linksseitiger Rad- und Fußweg ~ die Route führt dann links weiter auf der **Belmer Straße** ~ **15** rechts in den **Strothmannsweg** ~ an der Kreuzung links in die mäßig stark befahrene Straße, den Schildern in Richtung Zentrum Osnabrück folgend ~ die Kreuzung geradeaus überqueren und unter der Autobahn hindurch ~ geradeaus über die Kreuzung mit dem Ölweg ~ an der T-Kreuzung rechts auf die **Belmer Straße** ~ weiter auf dem Rad- und Fußweg ~ **16** an der Kreuzung mit dem **Heiligenweg** links ~ die Mindener Straße überqueren Richtung Zentrum und Bahnhof, nach ca. 200 m rechts in die **Carl-Fischer-Straße** und gleich wieder rechts ~ der Weg führt nun an der Hase entlang ~ vor der Franz-Lenz-Straße links über die Hase und nun entlang des linken Ufers ~ am Ende des Parks rechts und auf dem Radweg der **Hamburger Straße** weiter ~ wenig später rechts unter den Gleisen hindurch und dahinter rechts halten ~ den **Theodor-Heuss-Platz** überqueren, hier befindet sich auch der Bahnhof von Osnabrück.

Osnabrück

Vorwahl: 0541

Tourist Information, Bierstr. 22/23, ✆ 3232202, @ ghi521

Diözesanmuseum und Domschatzkammer, Domhof 12, am Dom, ✆ 318481 Beide befinden sich im Südflügel des Kreuzganges am romanischen Dom. Das Museum wurde 1918 gegründet und enthält Skulpturen, Gemälde, kirchliche Textilien und Möbel aus Dom und Bistum vom 12.-18. Jh. Der Domschatz bewahrt wertvolle liturgische Geräte, Kleinodien wie z. B. den „Kamm Karls des Großen" aus Elfenbein od. das „Schachspiel Karls des Großen" aus Bleikristall aus dem 11./12. Jh. @ kcu383

Giebelhäuser und Dom St. Petrus in Osnabrück

Felix-Nussbaum-Haus, Lotter Str. 2, ✆ 3232207, ✆ 3232237 Größte Sammlung des in Osnabrück geborenen und 40-jährig in Auschwitz ermordeten Künstlers Felix Nussbaum. Die Ausstellung ermöglicht die intensive Auseinandersetzung mit der Geschichte der Verfolgung und Ermordung der europäischen Juden im Nationalsozialismus. @ fvc168

Kulturgeschichtliches Museum, Lotter Str. 2, im Felix-Nussbaum-Haus, ✆ 3232207, ✆ 3232237 1889 im neoklassizistischem Stil erbaut, beherbergt es Exponate zur Ur- und Frühgeschichte aus der Region, u. a. auch die eiserne Gesichtsmaske eines römischen Legionärs aus der Varusschlacht im Jahr 9 n. Chr. @ qyo151

Museum am Schölerberg, Klaus-Strick-Weg 10, ✆ 560030 Die spiralförmige Konstruktion ist einem Ammoniten, einem Kopffüßler aus dem Jura, nachempfunden. Das Museum vermittelt ökologische Zusammenhänge regionaler Lebensbereiche. Einmalig die Klimavitrine mit einigen Quadratmetern lebenden Hochmoores. Das Planetarium zeigt die faszinierende Welt der Sterne. Unter einer 8 m großen Kuppel mit einem künstlichen Sternenhimmel erfährt der Besucher von den Grundlagen und Forschungsergebnissen der Astronomie. @ gwx762

Museum Industriekultur, Fürstenauer Weg 171, ✆ 122447 Das Museum besteht aus einem Gebäudeensemble. Das Haseschachtgebäude aus 1871 zeigt Dauerausstellungen zu den Themen Steinkohlenbergbau, Mythos Dampf, frühe Fabriken und Frühindustrialisierung. Im historischen Pferdestall kann man Handwerke kennenlernen. Außerdem ist es möglich, mittels eines gläsernen Fahrstuhls 30 m hinabzufahren und unter Tage durch einen alten, 300 m langen Bergwerksstollen zum heutigen Magazin (ehemals Waschkaue der Kumpel) zu gelangen, das über Tage liegt. Das Piesberger Gesellschaftshaus, ehem. Gaststätte direkt am Arbeitsplatz der Bergleute, beherbergt heute den Kulturverein und die historische Druck- und Papierwerkstatt des Museums. @ qta685

Dom St. Petrus, Domhof. Der von Karl den Großen gegründete Dom St. Petrus ist seit dem 12. Jh. das geistliche Zentrum des Bistrums Osnabrück. Der Dom in seiner heutigen Erscheinung stammt aus dem 13. Jh. @ vkf428

St. Johann, Johannisfreiheit 12. Die frühgotische dreischiffige Hallenkirche hat einen besonders schönen hohen lichtdurchfluteten Innenraum. Das Stift St. Johann wurde im Jahre 1011 gegründet. @ vun713

St. Katharinen, An der Katharinenkirche 8. Die spätgotische Hallenkirche wurde erstmals im 13. Jh. urkundlich erwähnt. @ svx417

St. Marien, Marktpl. In der gotischen Hallenkirche begann im Jahre 1543 die Reformation in Osnabrück. Besonders erwäh-

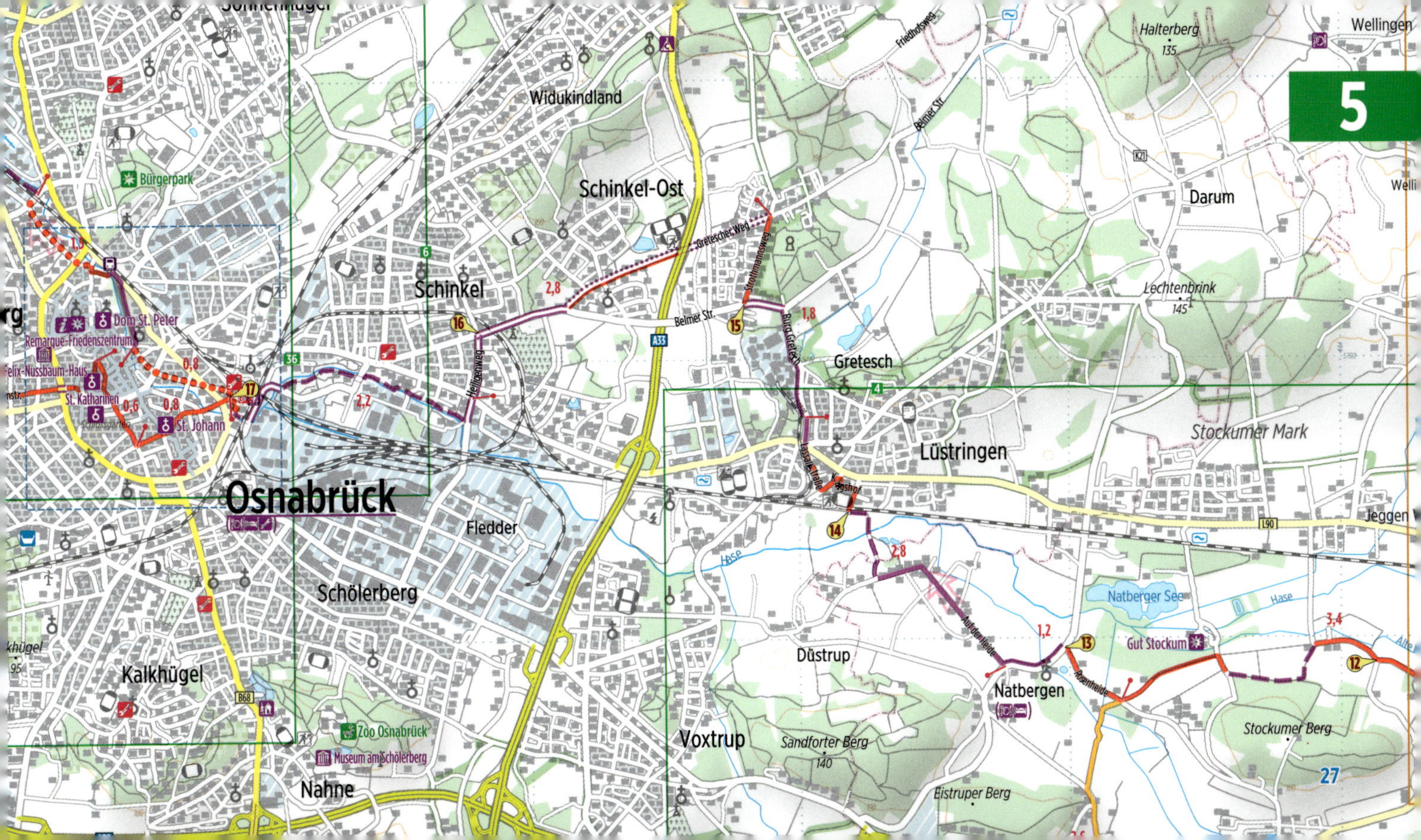
5
Widukindland
Schinkel-Ost
Schinkel
Bürgerpark
Dom St. Peter
Remarque-Friedenszentrum
Felix-Nussbaum-Haus
St. Katharinen
St. Johann
Osnabrück
Fledder
Schölerberg
Kalkhügel
Zoo Osnabrück
Museum am Schölerberg
Nahne
Voxtrup
Düstrup
Sandforter Berg
Eistruper Berg
Natbergen
Natberger See
Gut Stockum
Stockumer Berg
Stockumer Mark
Lüstringen
Gretesch
Darum
Lechtenbrink
Halterberg
Wellingen
Jeggen
Gretescher Weg
Belmer Str.
Heiligenweg
Hase
Auf der Heide
A33
L90
B68
K21

Ledenhof in Osnabrück

nenswert sind u. a. das Triumphkreuz und die Kreuzigungsgruppe aus dem 13. Jh., die Mariendarstellung vom Osnabrücker Meister (15. Jh.) sowie der Passionszyklus von Albrecht Dürer. @ eei466

Schloss Osnabrück, Neuer Graben 29 (24) Das barocke Schloss wurde im 17. Jh. von Ernst August von Braunschweig-Lüneburg errichtet. Das Schloss mit der 3 ha großen Gartenanlage blieb lange Zeit unbewohnt. Im 2. Weltkrieg wurde es von der Geheimen Staatspolizei für Verhör- und Gefängniszwecke genutzt. Heute befinden sich im Schloss u. a. das Präsidium und die Verwaltung der Universität Osnabrück. @ edx442

Bucksturm, Bocksmauer, ✆ 3232202 Er war der höchste Befestigungsturm der Stadt. 1805 wurden jedoch die beiden oberen Etagen wegen Baufälligkeit abgetragen. Der „Johanniskasten" in der zweiten Etage erinnert an Johann von Hoya, dem wohl bekanntesten Kriegsgefangenen, der hier von 1441-47 festgehalten wurde. Im 16. und 17. Jh. während der Hexenverfolgung diente er auch als Folterkammer. Heute ist eine Ausstellung zu sehen, die die ideologischen Hintergründe und das Verfahren der Hexenverfolgung darstellt. @ rnw676

Stadttheater, Domhof 10/11, ✆ 7600076. 1908 errichtet, zählt es mit seiner Jugendstilfassade zu den schönsten Theaterhäusern Deutschlands. @ bfr558

Erich Maria Remarque-Friedenszentrum, Markt 6, ✆ 3233292 Erich Maria Remarque wurde 1898 in Osnabrück geboren. Mit seinem Roman „Im Westen nichts Neues" (1929), der auch verfilmt wurde, erlangte er Weltruhm. Der Schriftsteller setzte sich in seinen Werken kritisch mit der deutschen Geschichte auseinander. Er zählt zu den meistgelesenen deutschen Autoren des 20. Jhs. @ rrp261

Ledenhof, Am Ledenhof 3, ✆ 3232202. Seit dem 14. Jh. steht hier das einst als Speicher dienende Steinwerk. Heinrich von Leden ließ den farbig dekorierten Renaissancebau errichten. Im Treppenturm befindet sich die älteste Spindeltreppe Norddeutschlands. Heute finden im Renaissancesaal Lesungen, Konzerte, Vorträge oder Theateraufführungen statt. @ hqv658

Rathaus, Markt 30, ✆ 3232152 (7d) Im Jahr 1512 nach mehr als 25 Jahren Bauzeit im spätgotischen Stil fertiggestellt. Hier wurde der Dreißigjährige Krieg mit dem Westfälischen Frieden beendet. Im Friedenssaal finden sich 42 Porträts europäischer Gesandter des Friedenskongresses sowie Herrscher aus dieser Zeit. In der Schatzkammer sind u. a. der Kaiserpokal, die älteste Schützenkette Osnabrücks, beide aus dem 14. Jh., und eine Nachbildung des Westfälischen Friedensvertrages zu besichtigen. @ phn547

Zoo Osnabrück, Klaus-Strick-Weg 12, ✆ 95100 (7d) Im Buchenwald des Schölerbergs gelegen, leben hier heute über 2.000

Historischer Marktplatz in Osnabrück

Tiere aus Afrika, Europa, Asien und Amerika. @ drc865

- **Botanischer Garten**, Albrechtstr. 29, ✆ 9692739 7d Der Botanische Garten der Universität Osnabrück, wurde 1984 als Einrichtung des Fachbereichs Biologie/Chemie der Uni Osnabrück eröffnet. Auf 8,6 ha (5,6 ha davon liegen im ehemaligen Steinbruchgelände am Westerberg) werden Pflanzengemeinschaften – z. B. Wälder Nordamerikas und Eurasiens – und themenbezogene Pflanzungen wie z. B. Arznei-, Duft-, Salzpflanzen gezeigt. @ okq585
- **Moskaubad**, Limberger Str. 47, ✆ 2002-2290, @ tcy515
- **Nettebad**, Im Haseesch 6, ✆ 2002-2270, @ ado736
- **Schinkelbad**, Im Wegrott 37, ✆ 2002-2280, @ xec581

Großsteingräber im Raum Osnabrück erzählen von den ersten Besiedlungen der Steinzeit. Durch sensationelle Funde in Kalkriese, vor den Toren von Osnabrück, wurde das Rätsel der Varus-

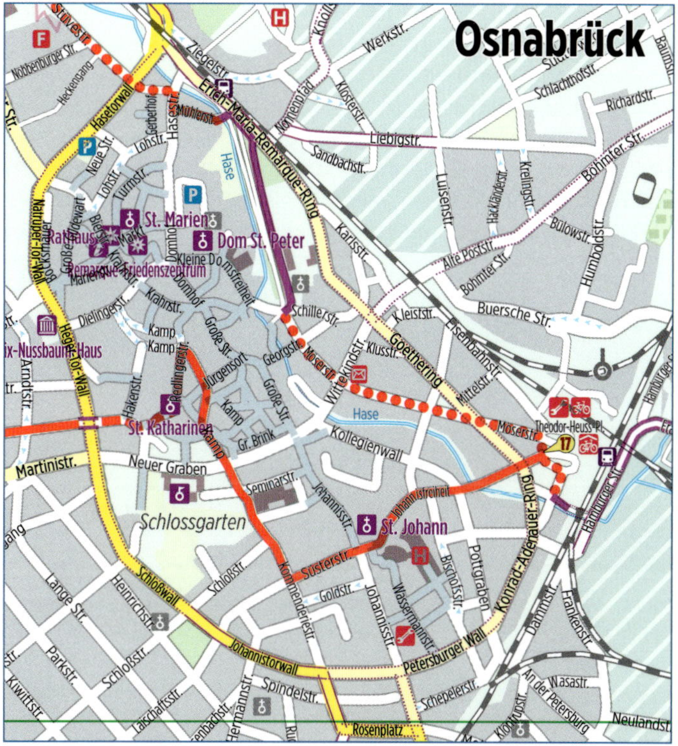

schlacht gelöst: am Fuße des Wiehengebirges wurden 9 n. Chr. die römischen Legionen des Varus von den Germanen unter dem Cheruskerfürsten Arminius besiegt.
Um 783 gründete Karl der Große an dieser strategisch wichtigen Stelle einen Bischofssitz. Rasch entwickelte sich die befestigte Missionszelle rund um die Domburg zur Stadt. Die ersten Siedler, Handwerker und Händler ließen sich hier nieder. Durch den blühenden Handel entwickelte sie sich zur Bürgerstadt, die sich um 1200 mit einer Stadtmauer schützte.
Wirkliche „Geschichte" schrieb die Stadt jedoch als Verhandlungsort zur Beendigung des Dreißigjährigen Krieges. 1641 beschlossen Kaiser Ferdinand III., der französische König Ludwig XIII. und die schwedische Königin Christina durch Verhandlungen diesen Krieg, der Mitteleuropa größtenteils verwüstet hatte, zu beenden. Als Verhandlungsorte wurden, wegen ihrer jeweiligen konfessionellen Zugehörigkeit, Münster und Osnabrück ausgewählt. Im katholischen Münster verhandelten der Kaiser, die spanisch-niederländischen und französischen Gesandten, im evangelischen Osnabrück die schwedischen Vertreter und ihre verbündeten protestantischen Reichsstädte.
Über vier Jahre lang sicherte eine ständige Botenverbindung zwischen den beiden Städten den Nachrichtenaustausch – bis heute einzigartig in ihrer Art .
Bei diesem Friedenskongress wurden drei Einzelverträge abgeschlossen, der letzte davon wurde am 24. Oktober 1648 unterschrieben und als „Westfälischer Friede" bezeichnet.
Dieser erste gesamteuropäische Friedensvertrag wurde zum Modell zukünftiger Friedenskongresse. Religiöse Toleranz und die Entstehung der Niederlande und der Schweiz wurden hier verkündet.
Durch die mehrjährigen Friedensverhandlungen wurde das Leben beider Kongressstädte

Schloss Osnabrück

nachhaltig geprägt. Im Gegensatz zu Münster hatte Osnabrück während des Dreißigjährigen Krieges einige folgenschwere Belagerungen hinnehmen müssen. Die Bevölkerung war um die Hälfte dezimiert, die Stadt völlig verarmt. Viele Gesandte waren in sehr einfachen Quartieren untergebracht. In einem typischen Bürgerhaus wohnten Mensch und Tier zusammen, die große Diele wurde durch eine Bretterwand geteilt.

In der Osnabrücker Altstadt zwischen Rathaus und dem Heger Tor stehen noch einige Fachwerkbauten, zum Teil aus der Zeit des Dreißigjährigen Krieges, und geben Zeugnis von dieser Zeit.

Jedoch nicht nur die Friedensverhandlungen prägten die Stadt, sondern auch der Bergbau. Die ältesten Zeugnisse darüber stammen aus der ersten Hälfte des 15. Jahrhunderts. Bis zum Ende des 18. Jahrhunderts wurde am Piesberg Bergbau eher bescheiden betrieben. Danach expandierte der Bergbaubetrieb und wurde für Osnabrück zu einer wichtigen Einnahmequelle. Es entstanden Bergarbeitersiedlungen, Eisenbahnverbindungen und neue Schachtanlagen. 1898 musste die Zeche geschlossen werden, die einbrechenden Wasserzuflüsse waren nicht mehr zu bewältigen.

Bis heute hat sich nur der schon damals parallel zum Bergbau betriebene Steinbruch gehalten. In den denkmalgeschützten Bauten der Zeche hat nun das Museum Industriekultur Einzug gehalten.

Von Osnabrück nach Bramsche 22 km

17 Vom **Theodor-Heuss-Platz** links in die **Möserstraße** ~ Sie folgen dieser Straße nun knapp 1 km, an den Kreuzungen immer geradeaus ~ am Ende beim Bergmannsbrunnen rechts auf den baumbestandenen **Herrenteichswall**, gleich danach vorbei an der Herz-Jesu-Kirche ~ am **E.-M.-Remarque-Ring** links auf den Rad- und Fußweg ~ links die Hase überqueren und in die **Mühlenstraße** ~ rechts in die **Hasestraße** ~ links in die Straße **Vitihof** Richtung Ebersburg und Westerberg ~ die Straße **Hasemauer** sowie den **Hasetorwall**

Am Platz des Westfälischen Friedens

6

überqueren und weiter auf der **Stüvestraße** ~ an der Straße **Wachsbleiche** rechts halten ~ unter der Bahn hindurch ~ gleich danach links in den Weg entlang der Hase ~ die **Römereschstraße** überqueren und weiter auf dem rechtsseitigen Rad- und Fußweg des **Kiefernwegs** ~ **18** kurz vor der Klöcknerstraße rechts in den unbefestigten Weg ~ zur Hase hin und weiter entlang des Ufers ~ die Hase überqueren ~ unter der Brückenstraße hindurch, vorbei an den Teichen und etwas später eine Straße queren ~ an der **Hafenringstraße** fahren Sie links über die Brücke und dahinter gleich wieder rechts in den **Haseuferweg** ~ dem gekiesten Weg folgen ~ unter der Bahn hindurch, danach leicht links versetzt über die Bahnstraße und weiter auf der **Von-Kerssenbrock-Allee** ~ **19** rechts in die Straße **Eversburg** ~ die Hase überqueren ~ vor dem Zweigkanal Osnabrück links in den beschilderten Weg ~ dem unbefestigten Weg entlang des Kanals folgen ~ unter der Autobahn hindurch ~ Sie erreichen die Hollager Schleuse.

VARIANTE Wahlweise können Sie hier weiter am linken Ufer bleiben, Sie treffen dann an der Landstraße wieder auf die Hauptroute.

Auf der Hauptroute überqueren Sie bei der Hollager Schleuse den Kanal, dahinter fahren Sie links und entlang des Ufers ~ hinter den letzten Häusern dem Weg nach rechts folgen ~ an der Vorfahrtsstraße links nach **Klumpe** ~ **20** an der **L 109** links, erneut über den Kanal und direkt dahinter rechts, nun wieder entlang des linken Ufers ~ nach 1,3 km entfernt sich der Weg kurz vom Kanal ~ an der T-Kreuzung bei den Häusern rechts wieder zurück und weiter entlang des Ufers ~ an der folgenden Brücke erneut über den Kanal und dahinter links in den **Fürstenauer Weg** ~ in dessen Rechtskurve weiter geradeaus ~ beim Mühlenbach vorbei an einer **Fahrrad-Reparaturstation** und auf den Uferweg einschwenken ~ bis zum Mittellandkanal nun dicht entlang des Kanal-Ufers ~ **21** Sie überqueren die K 104 ~ dem Verlauf der asphaltierten Straße folgen ~ nach der Rechtskurve links über den Kanal ~ nach

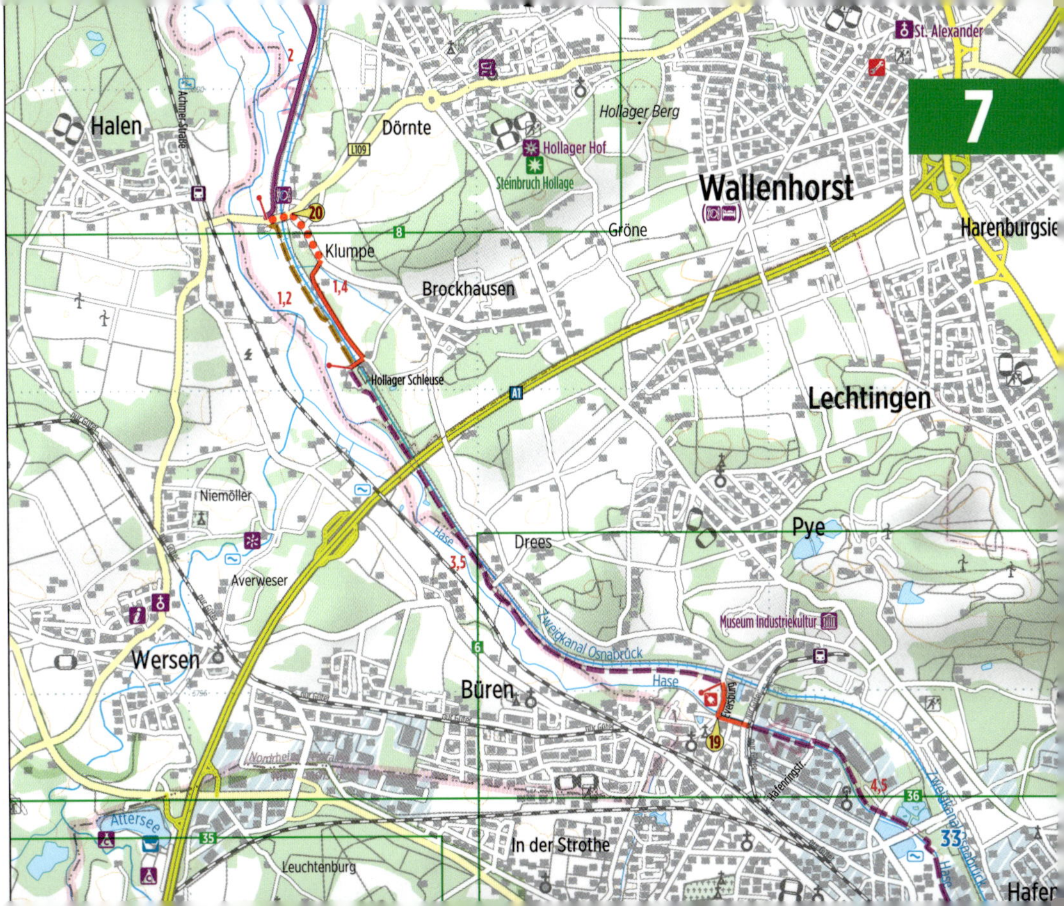

8

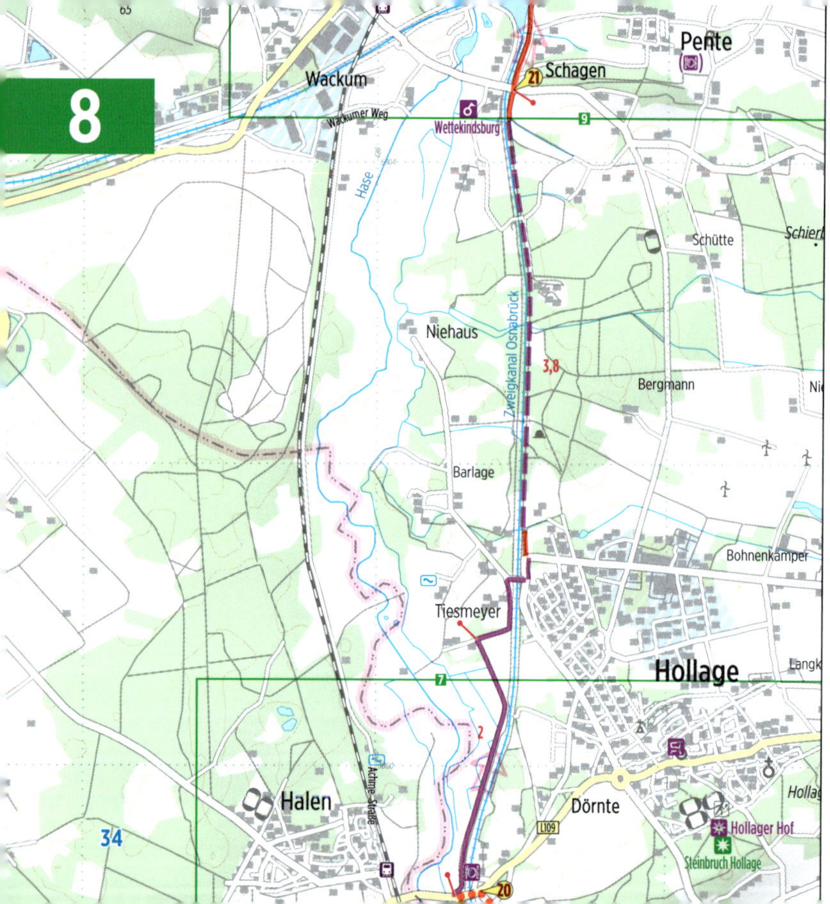

Hollager Schleuse

dem Kanal rechts und kurz darauf links weg ~ über eine Brücke und danach rechts entlang der Hase Richtung Hesepe und Bramsche.

VARIANTE Wollen Sie flussnah nach Bramsche hinein, fahren Sie bei der Brücke geradeaus und halten sich am Stadtrand rechts.

Auf der Hauptroute fahren Sie bei der Brücke wieder rechts und halten sich bei den Häusern links ~ die Route führt nun nach Bramsche hinein ~ unter der Bundesstraßen-Brücke hindurch und nach links Richtung Zentrum ~ unter der B 218 hindurch auf den **Penter Weg** ~ im Rechtsbogen der Straße nach links zum Ufer ~ die Route verläuft rechts der Hase, für einen Besuch des Stadtzentrums von Bramsche fahren Sie links über die Brücke.

Bramsche

Vorwahl: 05461

- **Tourist-Information im Tuchmachermuseum**, Mühlenort 6, ✆ 945110, @ cvv216
- **Tuchmacher-Museum**, Mühlenort 6, ✆ 94510 An laufenden Maschinen, die bis weit über 100 Jahre alt sind, lässt sich der Weg von der Rohwolle zur weichen Wolldecke miterleben. Tuchmachermeister lassen sich auf die Hände schauen. @ qvh876
- **St. Martin**. Die Kirche befindet sich inmitten der Altstadt. Das Hauptschiff und der Turm der heutigen Kirche sind romanisch und wurden im 13. Jh. erbaut.
- **Alte Post**, Am Markt 1. Das Fachwerkhaus aus dem 17. Jh. beherbergt heute ein Restaurant.
- **Darnsee**, Zum Darnsee, ✆ 887890
- **Hase Bad**, Malgartener Str. 49, ✆ 887800, @ bke551
- **Varus Therme**, Malgartener Str. 49, ✆ 887800, @ lnn757

Im Mittelpunkt der schönen Altstadt von Bramsche befindet sich die Kirche St. Martin. An dieser Stelle nahe einer Hasefurt kreuzten sich einst wichtige Handelswege. Die Entstehung des Dorfes geht auf die Zeit Karls des Großen (768-814) zurück. Erstmalig urkundlich erwähnt wurde der Ort im Jahre 1097. Wirtschaftliche

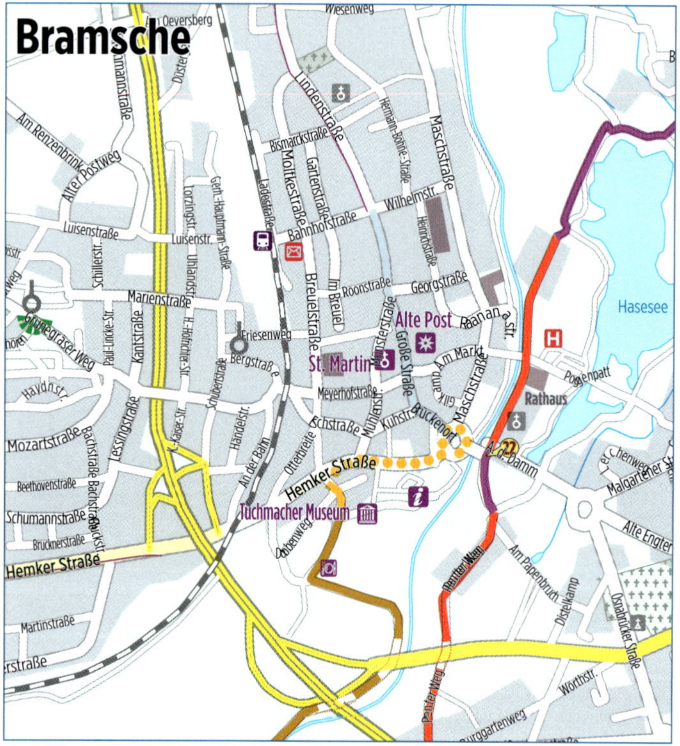

Bedeutung gewann Bramsche im Mittelalter durch die Tuchherstellung, die über Jahrhunderte traditionell in der Stadt verankert war. Heute wird im Tuchmacher Museum dieses Handwerk lebendig dargestellt. Auf historischen Maschinen aus den Jahren 1890-1925 werden klassische Produkte der Bramscher Tuchindustrie erzeugt und damit die Arbeitsschritte der Wollverarbeitung im frühen 20. Jahrhundert aufgezeigt.

Das Tuchmacher Museum ist ein beliebtes Ausflugsziel, zum Museum gehören ein Restaurant mit Biergarten, ein Kinderspielplatz, die Tourist-Information und ein Museumsladen.

Von Bramsche nach Bersenbrück — 25,5 km

22 Weiter auf der **Hasestraße** vorbei am Krankenhaus und dem Verlauf des Weges weiter folgen nach den letzten Häusern ge-

Rathaus der Stadt Bramsche

radeaus auf den Radweg entlang des Hasesees ~ nach etwa 500 m zweigt ein Radweg links Richtung Therme ab, auf diesem vor bis zur Straße **Bührener Esch** ~ nach rechts abbiegen und die Malgartener Straße überqueren ~ an der Vorfahrtsstraße rechts und weiter auf dem rechtsseitigen Rad- und Fußweg, Sie verlassen nun Bramsche ~ in den nächsten Abzweig nach links Richtung Epe und Malgarten ~ **23** an der Gabelung rechts und dem Verlauf des Weges folgen ~ vorbei an einigen Häusern ~ an der nächsten T-Kreuzung rechts Richtung Rieste und Malgarten ~ dem Straßenverlauf zur Vorfahrtsstraße folgen ~ **24** hier links halten und nach Malgarten hinein.

Malgarten (Bramsche)

Forum Kloster Malgarten, Am Kloster 1a, ✆ 01577/7902922. Im ehemaligen Kloster (1194-1803) und zahlreichen Nebengebäuden sind heute Künstlerwerkstätten, der Internationale Arbeitskreis für Musik und eine Übernachtungsmöglichkeit untergebracht. Die spätromanische Klosterkirche mit der wertvollen barocken Ausstattung wird als Pfarrkirche genutzt. In dem Amtsrichterhaus befindet sich ein Café. @ lcc267

VARIANTE
Westlich von Malgarten befindet sich das Gut Sögeln, das leider nicht zu besichtigen ist.

Sögeln (Bramsche)

Gut Sögeln. Bereits im 15. Jh. gab es eine Burg Sögeln, aus dieser Zeit sind nur noch das Gräftesystem, die mächtigen Fundamente und ein Torturm erhalten. Das inzwischen sanierte Herrenhaus aus dem 18./19. Jh. und die umgebende weitläufige Parkanlage befinden sich in Privatbesitz.

Rechts Richtung Rieste wieder aus Malgarten hinaus ~ dem Verlauf der **Maschortstraße** folgen und durch **Kuhlort** ~ an der Kreuzung links Richtung Alfhau-

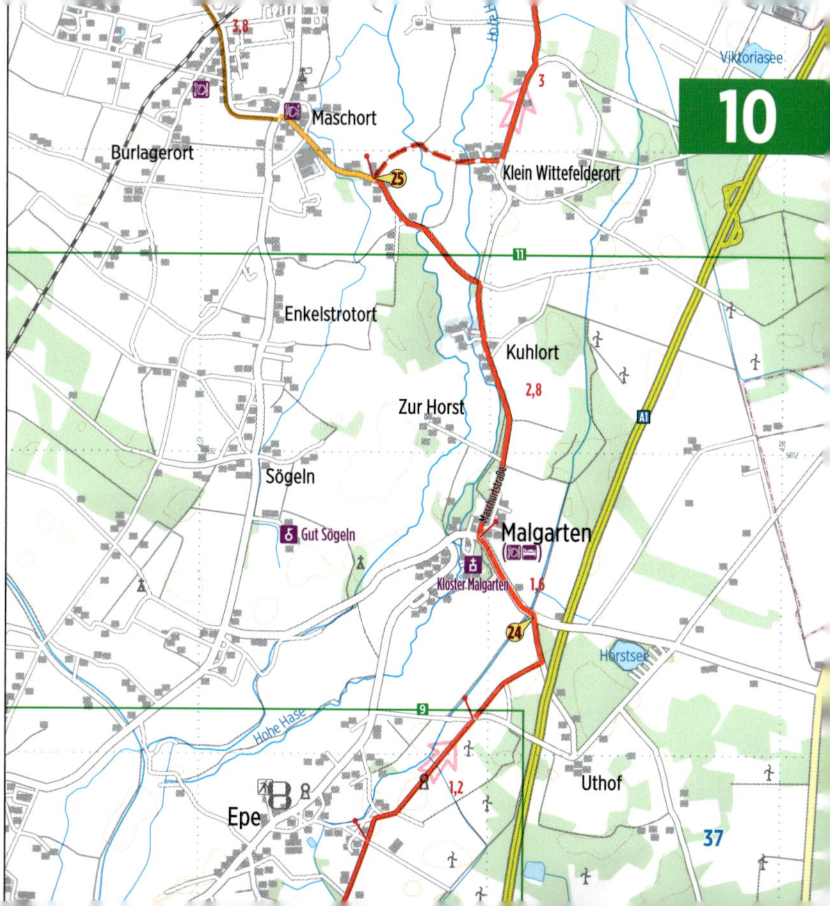

Am Alfsee

sen und Alfsee ⤳ weiter bis zur Abzweigung Richtung Alfsee.

VARIANTE Hier bestehen zwei Möglichkeiten zur Weiterfahrt. Entweder entscheiden Sie sich für die Variante über den Alfsee und Alfhausen, oder Sie radeln in der Nähe von Hase und Hoher Hase weiter.

Variante Alfsee

Für die Variante über den Alfsee und Alfhausen beim Abzweig geradeaus weiterfahren, den Schildern Richtung Alfsee und Alfhausen folgen ⤳ an der Vorfahrtsstraße, in **Maschort**, geradeaus und weiter am linksseitigen Rad- und Fußweg ⤳ die Gleise überqueren und immer weiter auf dem Rad- und Fußweg ⤳ hier besteht einige Male die Möglichkeit, zum Alfsee einzubiegen, Hinweisschilder dazu sind angebracht.

Der Alfsee

Der Alfsee bzw. das Hochwasser-Rückhaltebecken Alfhausen-Rieste wurde zwischen 1970 und 1993 gebaut, um Überflutungen, die bis dahin oft aufgetreten waren, zu vermeiden. Der See sammelt somit bei Hochwasser das Wasser der Hase und lässt es langsam wieder in den Fluss zurückfließen. Der 220 Hektar große Alfsee hat ein Fassungsvermögen von 20,8 Millionen Kubikmetern und gilt in Niedersachsen als einer der größten seiner Art. Am See wurde ein Freizeit- und Erholungsgelände errichtet.

An der Vorfahrtsstraße links ⤳ links ist nun der Alfsee zu sehen ⤳ weiter auf dem Rad- und Fußweg ⤳ auf dieser Straße direkt nach Alfhausen ⤳ die B 68 geradeaus überqueren und nach Alfhausen hinein.

Alfhausen

Vorwahl: 05464

St. Johannis. Die katholische Kirche wurde in der zweiten Hälfte des 13. Jh. errichtet. Zur gotischen Ausstattung im Inneren gehören ein Taufstein aus Sandstein und eine Strahlenmadonna aus dem Jahr 1517.

Ferien- und Erlebnispark Alfsee, ✆ 92120. Mit dem Sauna- und Wellness-Land sowie Spiel- und Sportmöglichkeiten für Kinder und Erwachsene wie Kartbahn, Kinderautoland, Trampolin, Bungee-Trampolin, Halfpipe, Minigolf, Kletterwald, Wasserskiseilbahn und gastronomischer Betreuung. @ xjc657

Naturschutz- und Bildungszentrum, Am Bootshafen 2, ✆ 9789000, Mo-Do 9.30-17 Uhr, Sa 14-17 Uhr und So 10-17 Uhr. Eine große interaktive Ausstellung zur Vogelwelt, Landschaftsdynamik und zum Naturschutz am Alfsee. @ sss173

Hallenbad Alfhausen, Blumenstr. 11, ✆ 1764

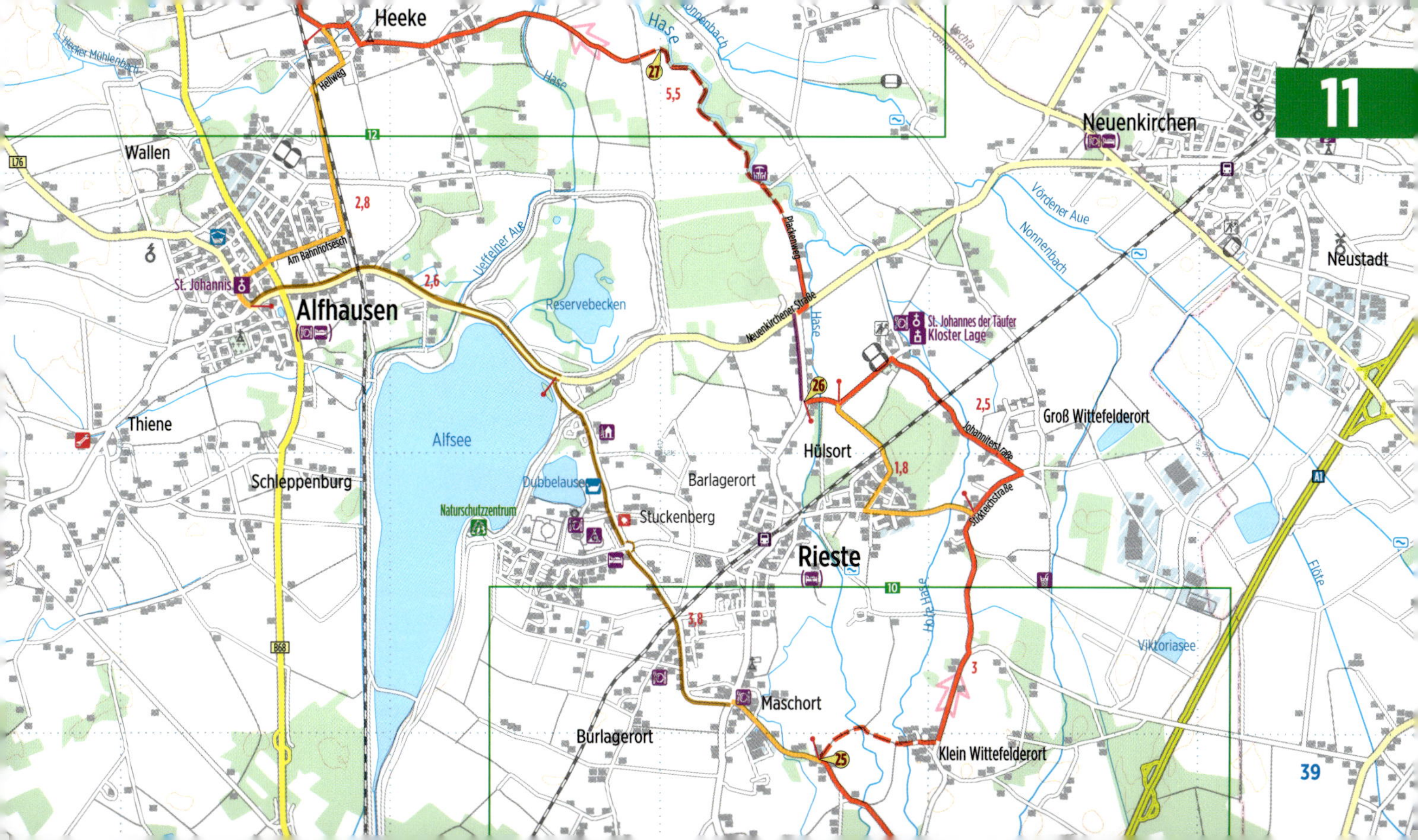

Heeke
Hecker Mühlenbach
Hellweg
Hase
Nonnenbach
27
5,5
11
Neuenkirchen
Wallen
L76
12
2,8
Am Bahnhofsesch
Vördener Aue
Nonnenbach
Neustadt
Plackenweg
Uffelner Aue
St. Johannis
Alfhausen
2,6
Reservebecken
Neuenkirchener Straße
St. Johannes der Täufer
Kloster Lage
26
2,5
Groß Wittefelderort
Johanniterstraße
Thiene
Alfsee
Hülsort
1,8
Schleppenburg
Dubbelause
Barlagerort
Stückteichstraße
Naturschutzzentrum
Stuckenberg
Rieste
A1
10
Hohe Hase
Flöte
B68
3,8
Viktoriasee
3
Maschort
Burlagerort
Klein Wittefelderort
25

Rechts in die **Hauptstraße** Richtung Zentrum ~ vorbei an der Kirche und nach der Kirche rechts ~ die B 68 unterqueren und der Straße **Am Bahnhofsesch** folgen ~ vor zum Bahnhof und nun dem Verlauf der Gleise folgen ~ geradeaus über die Kreuzung und vor zur

Kirche Alfhausen

Vorfahrtsstraße, hier rechts halten ~ die Bahn überqueren und nach Heeke hinein.

Heeke

Beim Kreuz links in den **Hellweg** ~ hier trifft dann die Hauptroute wieder auf die Variante zum Alfsee.

25 Auf der Hauptroute fahren Sie beim Abzweig in **Maschort** rechts in den unbefestigten Privatweg ~ der Weg ist ziemlich schlecht zu befahren und führt in den Wald hinein ~ über eine schmale Brücke und dahinter rechts ~ weiter auf einem leicht befestigten Weg ~ nochmals über eine kleine Brücke.

Klein Wittefelderort

Links in den Weg und an der nächsten T-Kreuzung links Richtung Vörden und Rieste ~ dem Straßenverlauf folgen ~ in der Rechtskurve der Straße nach links abzweigen ~ in der folgenden Linkskurve rechts weg in die **Stickteichstraße**.

VARIANTE: Wollen Sie Kloster Lage nicht besichtigen und etwas abkürzen, können Sie der beschilderten Route über Rieste folgen.

Auf der Hauptroute fahren Sie weiter zu einer Kreuzung und hier links in die **Johanniterstraße** ~ an der Gabelung links ~ die Hohe Hase sowie die Gleise überqueren und vorbei an einem Friedhof ~ weiter links halten, rechts befindet sich das **Kloster Lage** samt Anlagen.

Lage (Rieste)

Vorwahl: 05464

- **St. Johannes der Täufer**, Lager Allee. Die Wallfahrtskirche stammt aus dem 15. Jh. Sie wurde im Jahr 1733 erneuert.
- **Kloster Lage**, Lage 6, ✆ 96960. Das Kloster ist ein aktives Dominikanerinnen-Kloster, das den Namen „Zum gekreuzigten Erlöser" trägt. Hier befindet sich ein Wallfahrtskreuz. @ sfi641

In den Wallfahrtsort Lage pilgern seit dem Mittelalter Pilger, um das Heilige Kreuz zu tragen. Eine Legende sagt, dass im Jahre 1300 zwei Mitglieder des Lager Johanniterkonvents mitten am Tag eine Erscheinung hatten. Sie sahen in der Luft schwebend ein Kreuz mit dem Bild des Erlösers und hörten eine Stimme, die ihnen auftrug, ein ebensolches Kreuz zu fertigen. Dieses Kreuz sollte in der Kirche aufgehängt werden und Menschen in ihrer Bedrängnis Gnade geben. Auf wundersame

Klosterpforte in Bersenbrück

Weise konnte das Kreuz wie geheißen hergestellt werden – dessen Erschaffer waren der Bildhauerkunst gänzlich unkundig – und es gingen weitere Prophezeiungen in Erfüllung. Seit diesen Tagen strömen Pilger nach Lage und verehren das 1313 geweihte wundertätige Heilige Kreuz.

Vorbei am Sportplatz ~ rechts in den nächsten Weg und die Hase überqueren ~ **26** an der Vorfahrtsstraße rechts ~ weiter auf dem linksseitigen Rad- und Fußweg ~ an der T-Kreuzung biegen Sie rechts ab in die **Neu-**

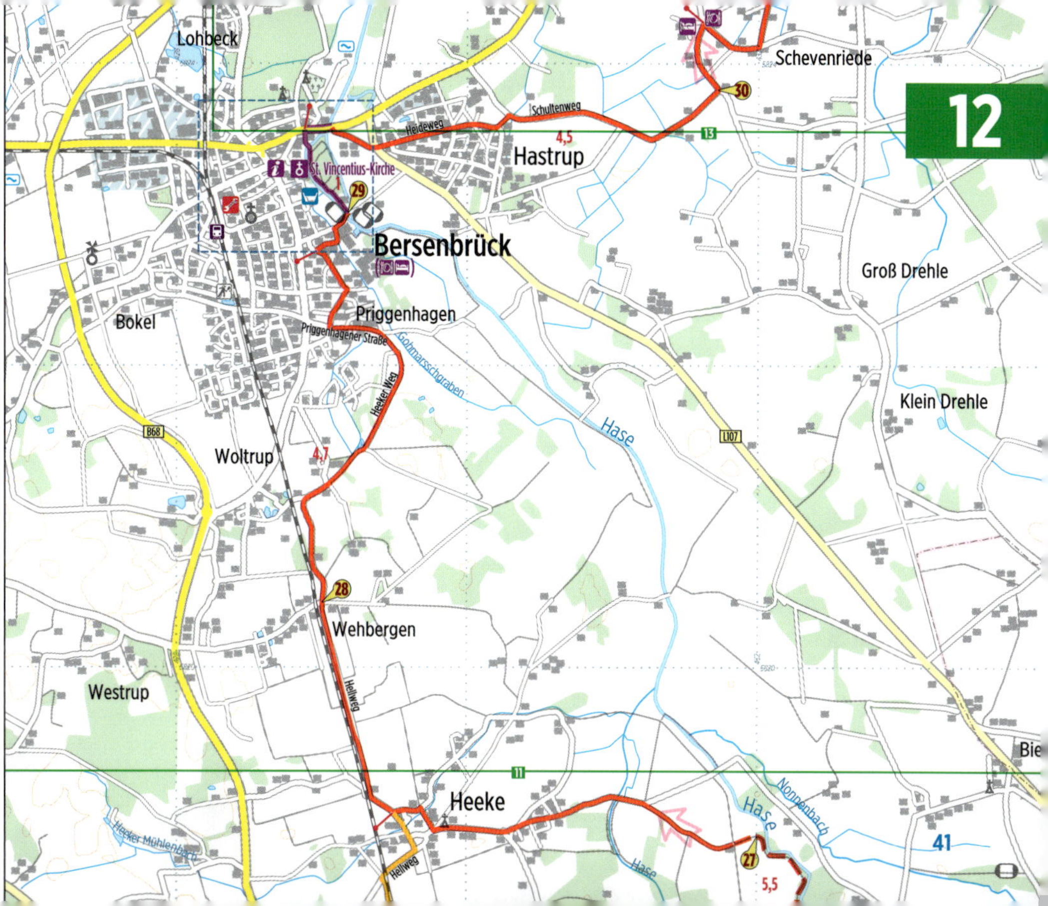

Rathaus in Bersenbrück

enkirchener Straße, dann gleich wieder links in den **Plackenweg** ~ der Weg führt in einen Wald hinein und weiter entlang der Hase ~ **27** vom Fluss wieder weg und an der kleinen Kreuzung geradeaus weiter ~ dem asphaltierten Weg folgen ~ an der Gabelung links halten, auf einer Brücke über den zweiten, vom Alfsee kommenden Hase-Arm und nach Heeke hinein.

Heeke

Nach der kleinen Kapelle im rechten Winkel rechts ab ~ an der Querstraße links ~ am Ortsrand rechts halten und kurz danach rechts parallel zur Bahn ~ nun dem Verlauf der Gleise auf dem **Hellweg** folgen ~ **28** an der Kreuzung bei **Wehbergen** geradeaus weiter ~ dem Weg in einer Links-Rechts-Kurve folgen ~ bei dem Abzweig rechts halten und geradeaus über die Kreuzung ~ wo die Straße rechts abgeht, fahren Sie geradeaus weiter und hinein nach Bersenbrück ~ links auf die **Priggenhagener Straße** und an der Kreuzung rechts Richtung Badbergen ~ beim Kreisverkehr geradeaus, später rechts in die Straße **Im Dom** ~ dem Linksbogen der Straße folgen ~ an der Querstraße rechts in den **Hastruper Weg**, das Zentrum von Bersenbrück befindet sich links.

Bersenbrück

Vorwahl: 05439

Tourist-Information, Markt 4-6, ✆ 962470, @ sde611

Museum im Kloster, Stiftshof 4, ✆ 4034, ⏲ Do-Sa 14-17 Uhr, Sa, So 11-17 Uhr. Dauerausstellung zur Geschichte des Osnabrücker Nordlandes. Des Weiteren eine Ausstellung zur Geschichte des Museumsgebäudes. @ xjr747

- **St.-Vincentius-Kirche.** Das nördliche Kirchenschiff des Bauwerks stammt aus dem 12. Jh., die südlichen Längsräume aus dem 13. und 14. Jh.
- **Kloster Bersenbrück**, Siftshof. Das Kloster wurde 1231 von Graf Otto von Ravensberg gestiftet. Seit 2018 befindet sich im Gebäude das regionalgeschichtliche und kulturhistorische Museum im Kloster.
- **Klosterpforte.** Das ehemalige Torhaus des Zisterzienserinnenklosters ist das Wahrzeichen der Stadt und der Gemeinde.
- **Freibad Bersenbrück**, An der Bleiche, ✆ 93903

Erstmals urkundlich erwähnt wurde Bersenbrück, in dem seit dem 12. Jahrhundert die Familie von Ravensberg herrschte, im Jahr 1221. Im 13. Jahrhundert kam der Ort unter die Herrschaft der Grafen von Tecklenburg, wurde jedoch kurz darauf wieder an die Ravensberger zurückgegeben. Vermutlich aus Dankbarkeit über die Zurückgabe gründete Graf Otto von Ravensberg ein Zisterzienser-Kloster. Nachdem das Kloster 1787 aufgelöst wurde, begann der Ort sich schließlich selbstständig weiterzuentwickeln. 1956 erhielt Bersenbrück die Stadtrechte und 1972 wurde schließlich die Samtgemeinde Bersenbrück

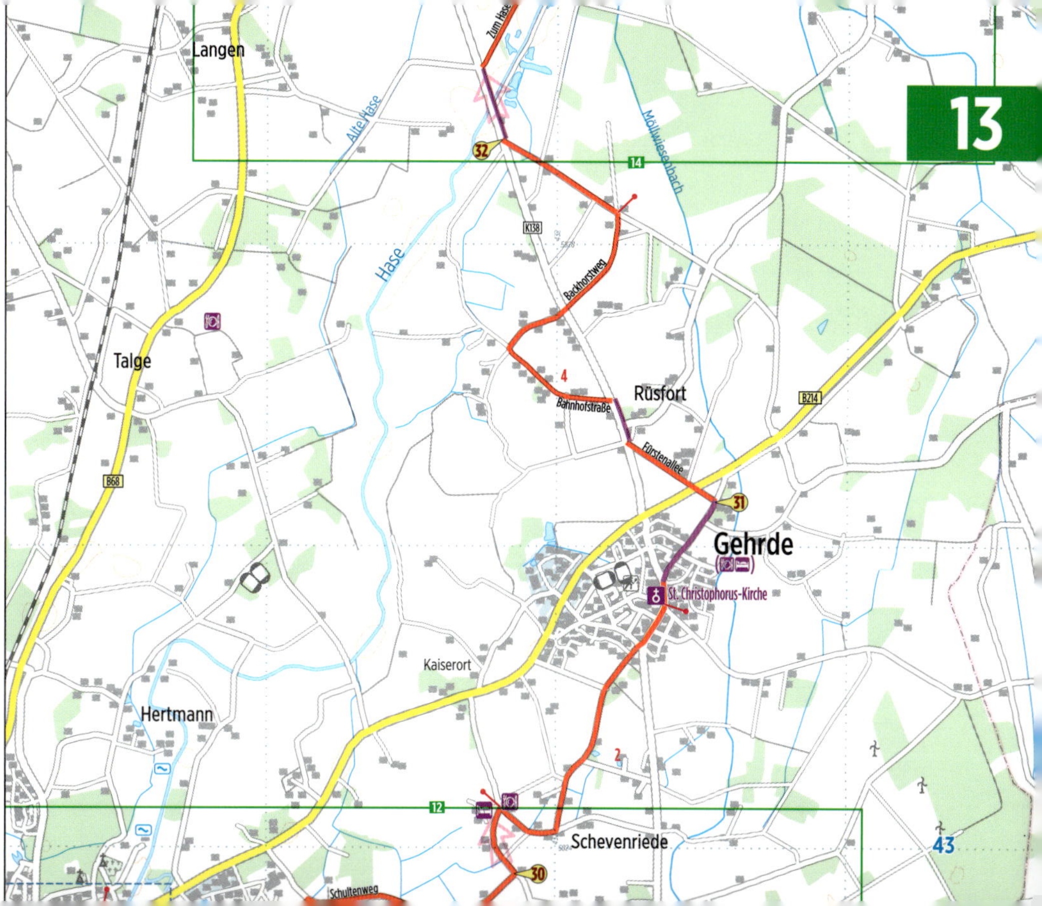

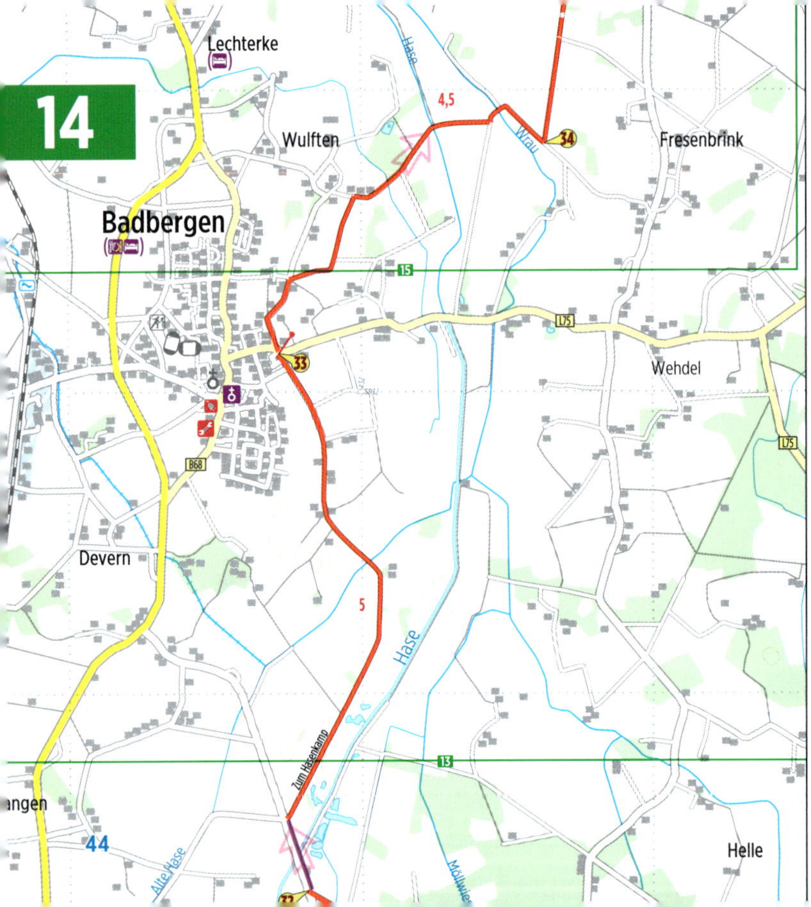

gebildet, der neben Bersenbrück noch Alfhausen, Ankum, Eggermühlen, Gehrde, Kettenkamp und Rieste angehören.

Von Bersenbrück nach Quakenbrück — 25 km

29 Nach dem Sportplatz über die Brücke und danach links halten ~ der Weg führt zwischen Hase und Kanal weiter ~ später auf der Straße **Hasemühle** ~ an der Vorfahrtsstraße rechts auf den Rad- und Fußweg, die Hase überqueren und rechts in den **Heidgartenweg** ~ geradeaus über die Vorfahrtsstraße in den **Heideweg** und nach Hastrup hinein.

Hastrup

Vor dem Rechtsbogen an der Kreuzung mit der **Sandstraße** links und gleich darauf rechts in den **Schultenweg** ~ der Linkskurve folgen ~ **30** an der Kreuzung links Richtung Gehrde ~ an der nächsten Kreuzung scharf rechts, wieder Richtung Gehrde ~ am nächsten Abzweig links in den schmalen Weg ~ weiter dem Straßenverlauf nach Gehrde folgen.

Gehrde

St. Christophorus. Besonders sehenswert ist das Gabelkruzifix im Inneren der Kirche.

Nach der Kirche halbrechts Richtung Artland-Route ~ wieder aus Gehrde hinaus ~ **31** kurz vor der B 214 links in die **Fürstenallee** ~ geradeaus über die Bundesstraße ~ weiter zur Vorfahrtsstraße und dort rechts ~ nun dem Rad- und Fußweg folgen.

Rüsfort (Gehrde)

Links in die **Bahnhofstraße** Richtung Ferienhof ~ an der Kreuzung rechts, dann gerade über die Vorfahrtsstraße in den **Bockhorstweg** ~ an der Kreuzung links ~ **32** an der T-Kreuzung rechts halten und

Quakenbrück, Hohe Pforte

weiter auf dem Rad- und Fußweg ~ die Hase überqueren und an der nächsten Kreuzung rechts in die Straße **Zum Hasekamp** ~ weiter dem Straßenverlauf folgen ~ vorbei an einzelnen Häusern und nach Badbergen hinein.

Badbergen

33 Geradeaus über die Kreuzung und die Ortslage verlassen ~ an der Kreuzung bei den Häusern rechts und sofort links halten ~ nach dem Linksbogen geradeaus ~ an der

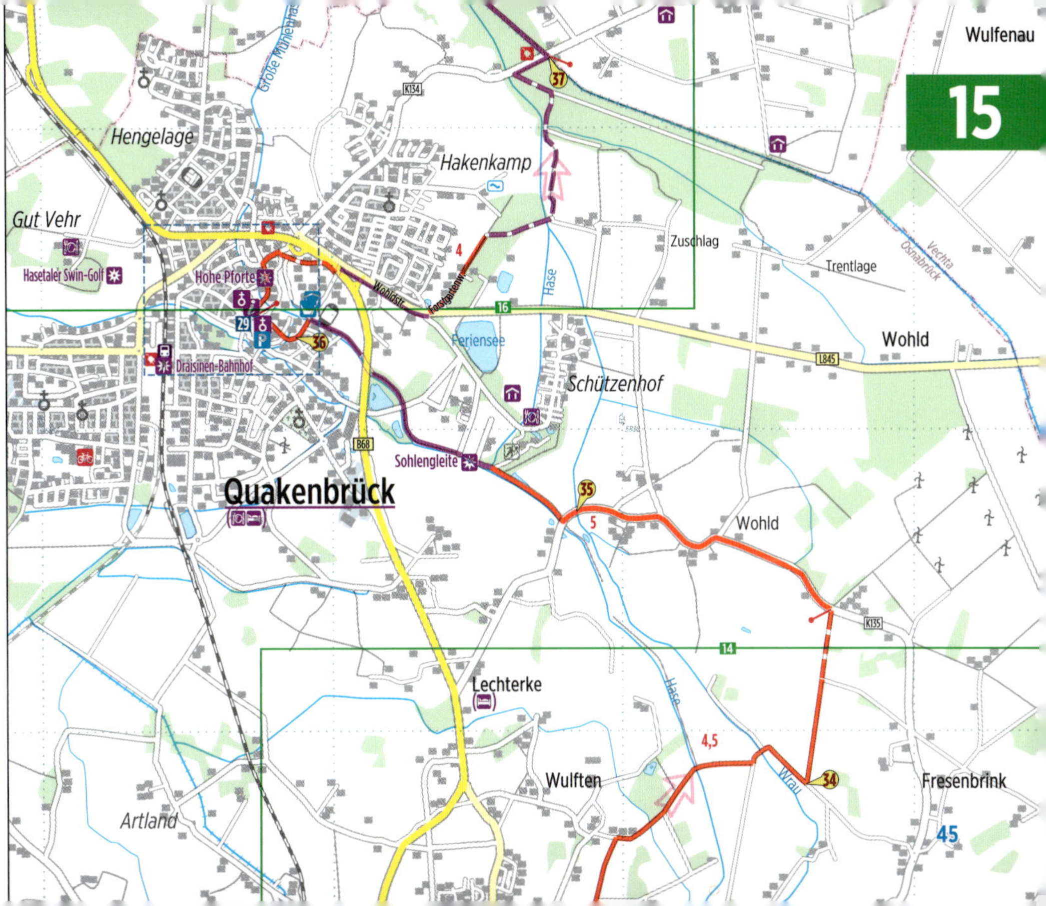

Quakenbrück, Marktplatz

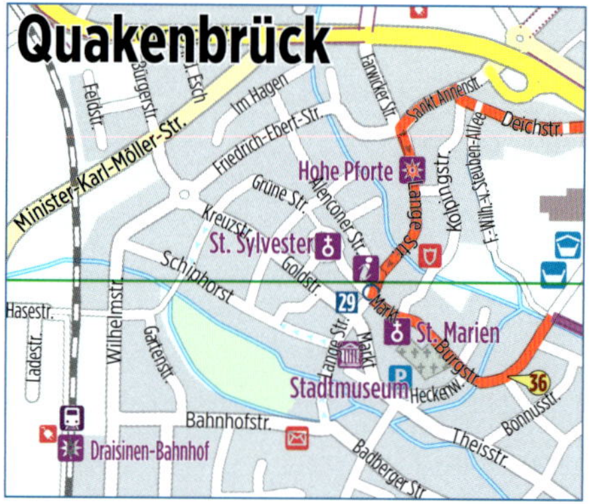

T-Kreuzung vor den Häusern biegen Sie rechts ab ~ auf der Brücke über die Hase ~ nach 300 m links, das Bächlein Wrau überqueren und dahinter rechts ~ **34** in den nächsten Weg scharf links ~ bei der nächsten Möglichkeit nahe der Häuser links, rechts sind ein paar Windräder zu sehen ~ weiter zur Kreuzung und hier links halten ~ wieder über eine kleine Brücke und weiter dem Straßenverlauf folgen ~ **35** nochmals über eine Brücke und vor der zweiten Brücke rechts in den Landwirtschaftsweg ~ dem Weg zuerst entlang der Kleinen Hase und danach der Deichhase folgen ~ die Bundesstraße unterqueren und auf der **Steuben-Allee** an Sportplätzen vorbei, dann vor dem Freibad links über eine Brücke in die **Jahnstraße** und nach Quakenbrück hinein ~ **36** geradeaus in die **Burgstraße** ~ an der **Marienkirche** und dem **Marktplatz** vorbei.

Quakenbrück

Vorwahl: 05431

- **Tourist-Information Artland**, Markt 4, ☎ 907590, @ mlm362
- **Stadtmuseum**, Markt 7, ☎ 6777 Themen: Wohnen und Arbeiten, Stadt- und Kulturgeschichte, Kirche und Schule. Zu sehen sind u. a. zwei historische Küchen, eine alte Apotheke, Spielzeug sowie Handwerkerstuben. Außerdem werden div. Sonderveranstaltungen präsentiert. @ wgb144
- **St. Marien**, Burgstr. Die Kirche aus dem 17. Jh. steht auf den Resten der ehem. Burg.
- **St. Sylvester**. Die Pfarrkirche wurde erstmals 1235 urkundlich erwähnt.
- **Draisinen-Fahrten**, Ladestr., ☎ 05432/599599. Die Fahrt mit der Club-, Handhebel- oder Fahrraddraisine kann über die Tourist-Information gebucht werden. @ wxf431
- **Hohe Pforte**. Sie ist eines von ehemals fünf Stadttoren und gilt heute als Wahrzeichen der Stadt.
- **Poggenpad**. Erkunden Sie auf dem 3,5 km langen Pfad die wichtigsten Sehenswürdigkeiten der Altstadt. Folgen Sie einfach den Froschspuren auf dem Pflaster, welche die 30 Stationen miteinander verbinden.
- **Sohlengleite**, Am Schützenhof. Beliebtes Ausflugsziel an der Hase, mit Fischtreppe und Rastplatz. @ phe226
- **Stadtführungen**. Informationen erhalten Sie bei der Tourist-Information, ☎ 05431/907590.
- **Swin-Golf**, ☎ 969580 18-Loch-Anlage. Swingolf ist eine platzsparende, vereinfachte Variante von Golf, die aus Frankreich stammt – gewissermaßen Golf rustikal.
- **Frei- und Hallenbad Quakenbrück**, Jahnstr. 20, ☎ 9263287

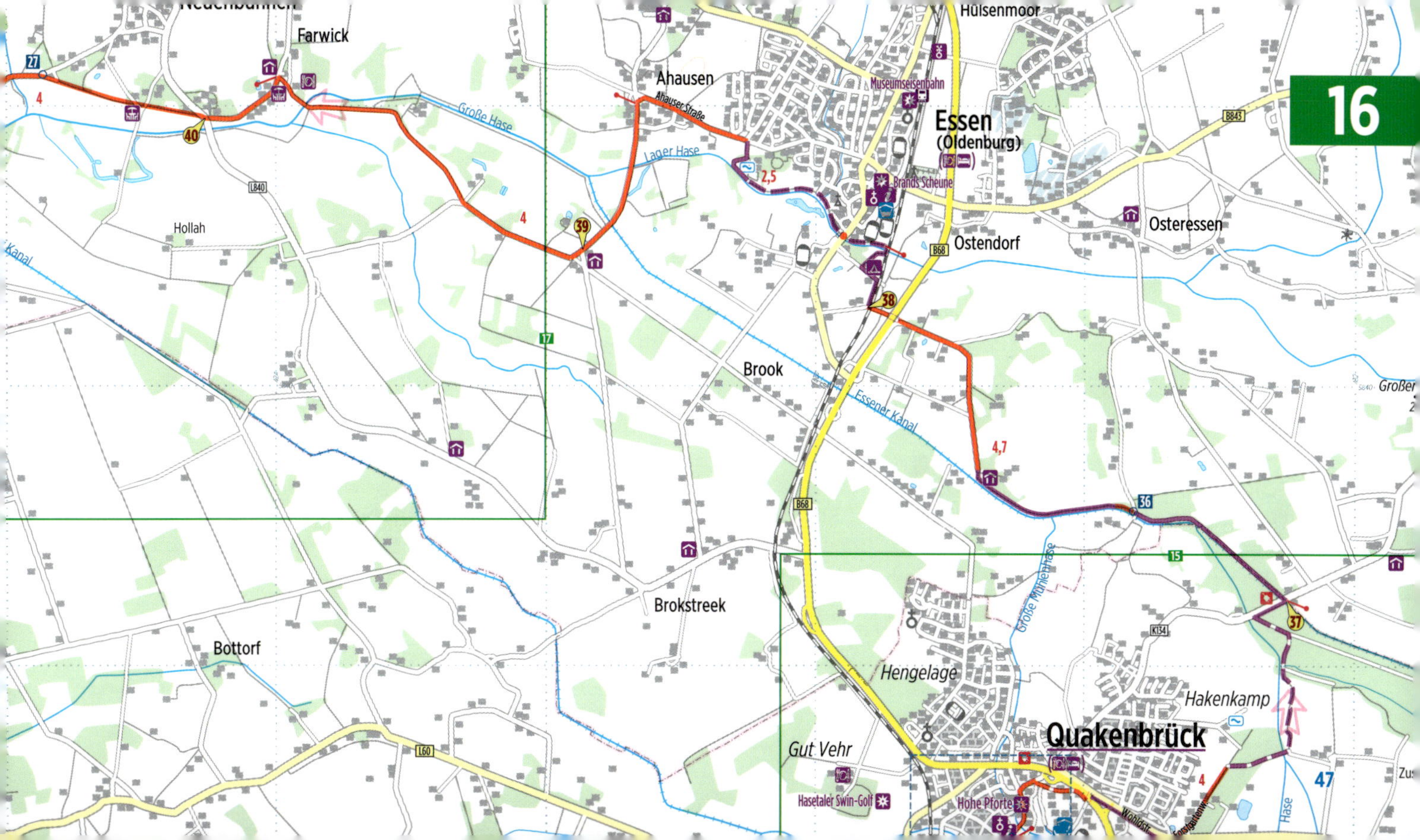

Neuenbunnen
Farwick
27
4
40
Große Hase
L840
Hollah
4
39
Ahausen
Ahauser Straße
Lager Hase
2,5
Kanal
17
Museumseisenbahn
Hülsenmoor
Essen
(Oldenburg)
Brands Scheune
B68
Ostendorf
Osteressen
B843
16
38
Brook
Essener Kanal
4,7
Großer
36
15
B68
Große Mühlenhase
Brokstreek
Bottorf
K134
37
Hengelage
Hakenkamp
Gut Vehr
Quakenbrück
L60
Hasetaler Swin-Golf
Hohe Pforte
Wohldstr.
4
47
Hase
Forstgartenw.

Die 1235 erstmals urkundlich erwähnte Stadt Quakenbrück entwickelte sich im Laufe der Jahre durch die Mitgliedschaft in der Hanse zu einer wichtigen Handelsstadt. Das Wahrzeichen dieser Stadt, in der noch immer mehr als 130 Fachwerkgebäude zu finden sind, ist der Frosch. Davon jedoch leitet sich nicht der Name Quakenbrück ab. Dieser setzt sich vermutlich aus dem Wort Brücke und dem englischen „to quake", was soviel wie „zittern" bedeutet, zusammen. Übersetzt heißt der Ort Quakenbrück somit „Brücke über das bebende Sumpfland", womit das Binnendelta der Hase, das sich bei Quakenbrück befindet, gemeint ist. Der Poggenpad, der aus zahlreichen Froschspuren besteht, führt Sie zu den Sehenswürdigkeiten Quakenbrücks.

Ebenfalls charakteristisch für die Samtgemeinde Artland sind die Artland-Höfe. Als Kornkammer des Fürstbistums Osnabrück gelangte das Artland zu einem ansehnlichen Wohlstand, der sich im Bau zahlreicher prächtiger Fachwerk-Höfe niederschlug. Diese typische Artländer Bauernhofkultur, einst fürs UNESCO-Welterbe nominiert, steht heute unter Denkmalschutz.

Von Quakenbrück nach Löningen — 26 km

Am Rathaus beim **KP 29** rechts in die **Lange Straße** ~ durch das Stadttor Hohe Pforte hindurch und rechts in die **St.-Annenstraße**, dann rechts in die **Kolpingstraße** und gleich links in die **Deichstraße** ~ links unter der Bundesstraße hindurch und rechts in die **Wohldstraße** ~ nach ca. 650 m links in den **Forstgartenweg** ~ später rechts in einen schmalen, unbefestigten Waldweg ~ die Hase überqueren und links in den Weg einbiegen ~ es geht weiter durch den Wald ~ an der T-Kreuzung links ~ dem Linksbogen folgen und weiter zu einem kleinen Platz außerhalb des Waldes ~ rechts auf die **K134**, über den Bünne-Wehdeler-Grenzkanal ~ **37** links in den schmalen, asphaltierten Weg ~ dem Weg entlang des Gewässers folgen ~ beim **KP 36** geradeaus über die querende Straße ~ in einer Rechtskurve weg vom Essener Kanal ~ weiter der Straße folgen ~ vor der Linkskurve nach rechts zur Bundesstraße und diese auf dem Rad- und Fußweg unterqueren ~ **38** über die Gleise und dahinter rechts in den schmalen, asphaltierten Weg ~ nach 200 m links in den **Unlandweg**, dann hinter dem Campingplatz rechts ~ nach dem Rechtsbogen über die Hase und dahinter links ~ Sie radeln entlang des Ufers ~ rechts von Ihnen befindet sich Essen.

Essen (Oldenburg)

Vorwahl: 05434

- **Tourist-Information**, Peterstr. 7, im Rathaus, ✆ 8833, ✆ 8834, @ kqe254
- **St. Bartholomäus**, Am Kirchpl. 3. Der Bau der heutigen Kirche wurde im Jahre 1870 begonnen und 1875 zu Ende geführt.
- **Diekmanns Mühle**. Die Windmühle wurde im 17. Jh. von den Besitzern des Gutes Vehr als Bockwindmühle erbaut.
- **Brands Scheune**. Das als Wohn- und Wirtschaftsgebäude errichtete Haus wurde im Jahr 1783 erbaut. Es ist das älteste Gebäude im Ort.
- **Museumseisenbahn**. Der Museumszug verkehrt seit 1988 auf der Strecke zwischen Meppen und Essen (Oldenburg).
- **Rathaus**. Das Gebäude im Jugendstil wurde im Jahr 1909 erbaut.
- **Solebad**, Hasestr., ✆ 3018, ✆ 880

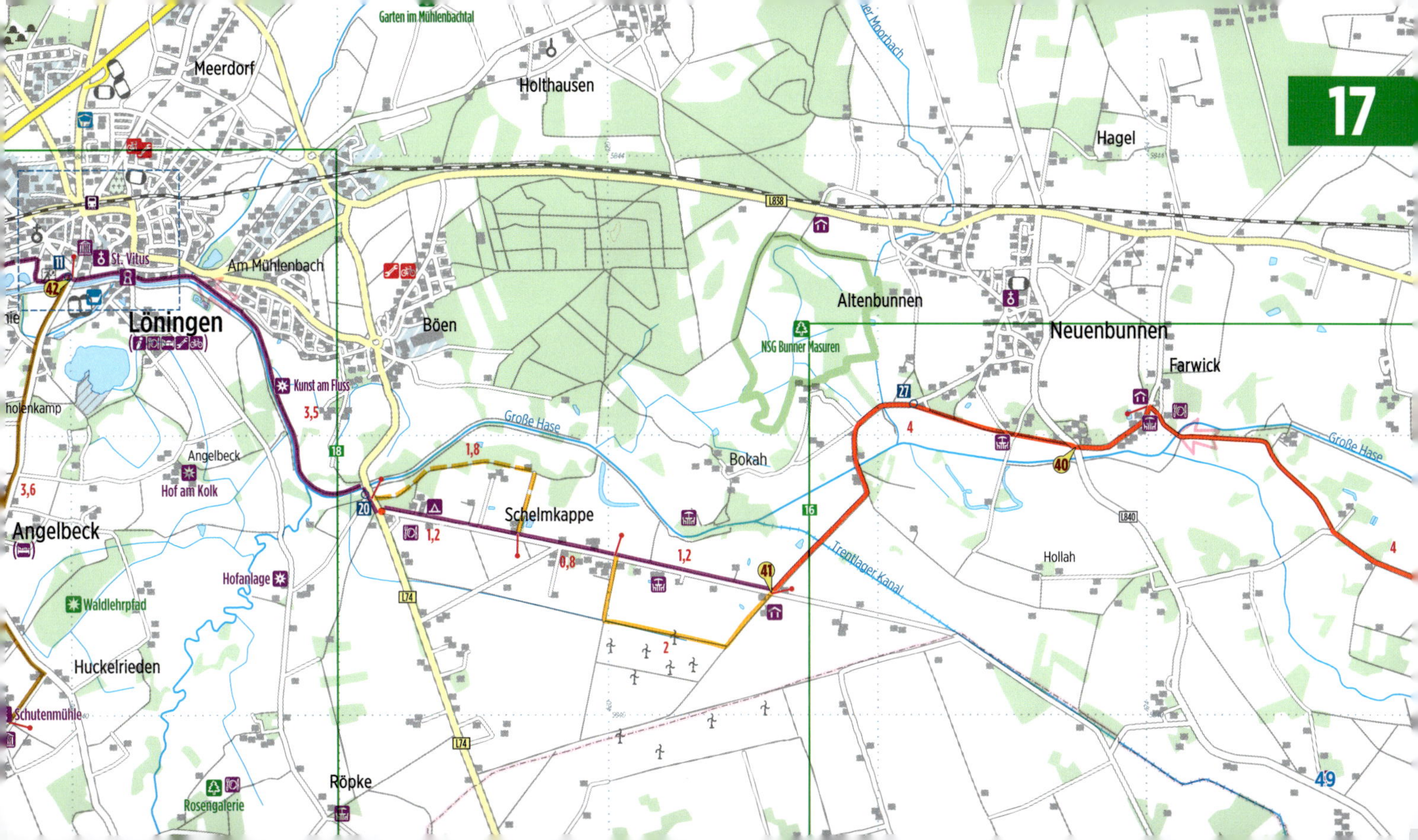
17
Garten im Mühlenbachtal
Moorbach
Meerdorf
Holthausen
Hagel
L838
Am Mühlenbach
St. Vitus
Löningen
Böen
Altenbunnen
Neuenbunnen
NSG Bunner Masuren
Farwick
Kunst am Fluss
3,5
Angelbeck
Hof am Kolk
Große Hase
1,8
Bokah
27
4
40
Schelmkappe
20
18
16
1,2
0,8
41
L840
Hollah
Trentlager Kanal
Angelbeck
3,6
Hofanlage
Waldlehrpfad
L74
2
Huckelrieden
Schutenmühle
Rosengalerie
Röpke
42
11

St. Vitus in Löningen

Die Hauptstraße überqueren und weiter entlang der Hase der Weg entfernt sich vom Fluss und führt entlang der Kläranlage links auf der **Ahauser Straße** nach Ahausen.

Ahausen

An der Gabelung links halten über zwei Brücken **39** an der Kreuzung geradeaus weiter und der Rechtskurve der Straße folgen, dann weiter entlang der Straße die Große Hase überqueren und in **Farwick** an der T-Kreuzung links **40** südlich von Neuenbunnen die L 840 überqueren.

Neuenbunnen

Weiter links in den Landwirtschaftsweg an der Kreuzung geradeaus an der Querstraße beim **KP 27** links halten die Hase sowie den Trentlager Kanal überqueren und weiter nach Schelmkappe.

Schelmkappe

41 An der Vorfahrtsstraße rechts und weiter auf dem rechtsseitigen Rad- und Fußweg.

VARIANTE: Sie können auch – wie in der Karte dargestellt – einen Schlenker erst links und später rechts durch die Felder machen. Dies ist der offizielle Routenverlauf.

An der T-Kreuzung rechts und beim **KP 20** die Hase überqueren gleich danach links in den Uferweg dem Weg rechts der Hase folgen die Hasestraße überqueren und vorbei an der Schule weiter zur **Angelbecker Straße** rechts von Ihnen befindet sich Löningen.

Löningen

Vorwahl: 05432

- **Stadtmarketing**, Langenstr. 38, ✆ 80370, @ emq264
- **Kinomuseum**, Langenstr. 21, ✆ 5958238, Mi-Fr, So 15-18 Uhr. Die größte kinotechnische Sammlung in Deutschland bietet in ihrer kulturhistorischen Ausstellung die ganze Welt der Kinotechnik und des Kinoambientes – im Mittelpunkt steht das Gesamterlebnis Kino. @ gdt277
- **St. Vitus**. Die Kirche (1813) ist die größte pfeilerlose Saalkirche Deutschlands. Die Kirchenausstattung stammt zu großen Teilen aus der Kirche des ehem. Franziskanerklosters Vechta.
- **Adventsbrunnen, Jubiläumsbrunnen**
- **Discgolf-Park**, ✆ 599599, ✆ 80370. Bei dieser Sportart spielen Sie mit einer Frisbee-Scheibe Golf.
- **Wellenfreibad**, Angelbecker Str. 5d, ✆ 3430
- **Hallenbad Löningen**, Ringstr. 2, ✆ 4141

18
Südradde-Niederung
Borkhorn
Helmighausen
Werwe
Werwer Weg
Haseknie
Haseauen Erlebnispfad
Löningen
St. Vitus
Große Hase
Kunst am Fl
Schnetlage
Tholenkamp
Angelbeck
Hof am Kolk
Lewinghausen
Großsteingrab "Auf dem Ladenesch"
Evenkamp
Angelbeck
Wienöbst
Hofanlage
Waldlehrpfad
Winkhof
Düenkamp
Huckelrieden
Westrum
Schutenmühle
Heimathaus
Ehren
Bethaus
Rosengalerie
Große Hase
Asselager Mühle
Aseburg
Ehrener Wald
Winkum
Hölze
Aselage
B213
K328
L102
3,2
3,6
3,5
2,5
4
51

Aselager Mühle

Von Löningen nach Haselünne 26 km

AUSFLUG Vor der Weiterfahrt können Sie von Löhningen einen Abstecher zur nahe gelegenen Schutenmühle machen.

Zur Schutenmühle 3,6 km

In die **Angelbecker Straße** und weiter auf dem rechtsseitigen Rad- und Fußweg ~ weiter nach **Angelbeck** ~ durch den Ort hindurch und weiter nach Huckelrieden ~ vorbei am Schild Hahnenmoor und nach einem kurzen Stück dem braunen Schild zur Schutenmühle nach rechts folgen ~ der Weg führt nun direkt zur Mühle und zum Heimathaus.

Huckelrieden (Löningen)

Vorwahl: 05432

Heimathaus, Zur Schutenmühle 10, ✆ 2181. Ausstellungen, Bibliothek, Archiv.

Schutenmühle, Zur Schutenmühle, Café: Sa, So 14-18 Uhr. Die 250 Jahre alte Schutenmühle wurde 1993-1995 restauriert und ist komplett funktionstüchtig. Mit Mühlencafe und hist. Backhaus.

42 Auf der Hauptroute geradeaus über die Angelbecker Straße (**KP 11**) und weiter entlang der Hase ~ rechts hinter der Tennis-Anlage vorbei.

TIPP Hinter der Tennis-Anlage beginnt der Haseauen-Erlebnispfad, ein 1,3 km langer gewässerkundlicher Lehrpfad mit teils interaktiven Tafeln.

Es geht nun von der Hase weg und gleich wieder links in den unbefestigten Anlieger-Waldweg ~ durch den Wald ~ am Waldende befindet sich eine Rampe, auf der Sie Ihr Fahrrad gut hinaufschieben können ~ vorbei an der Döen-Kapelle und dem dahinter liegenden Soldatenfriedhof, dann weiter auf dem **Werwer Weg** ~ an der Kreuzung geradeaus und vorbei am Parkplatz ~ in der Linkskurve rechts in den Waldweg ~ durch den Wald nun hindurch, der Weg führt an zahlreichen Informationstafeln vorbei ~ auf einer geschotterten Straße aus dem Wald hinaus ~ dem kurvigen Weg folgen nach Werwe.

Werwe (Löningen)

43 An der asphaltierten Straße rechts halten und gleich links in den gepflasterten Weg **Zu den Steingräbern** ~ dieser Straße nun weiter nach Evenkamp folgen.

Evenkamp (Löningen)

St.-Johannes-Kirche, Evenkamper Str. Backsteinkirche aus dem Jahr 1937.

Großsteingrab. Das jungsteinzeitliche Großsteingrab stammt etwa aus der Zeit zwischen 3500 und 2800 v. Chr. Es sind Reste der ehemals 2x15 m großen Grabkammer erhalten.

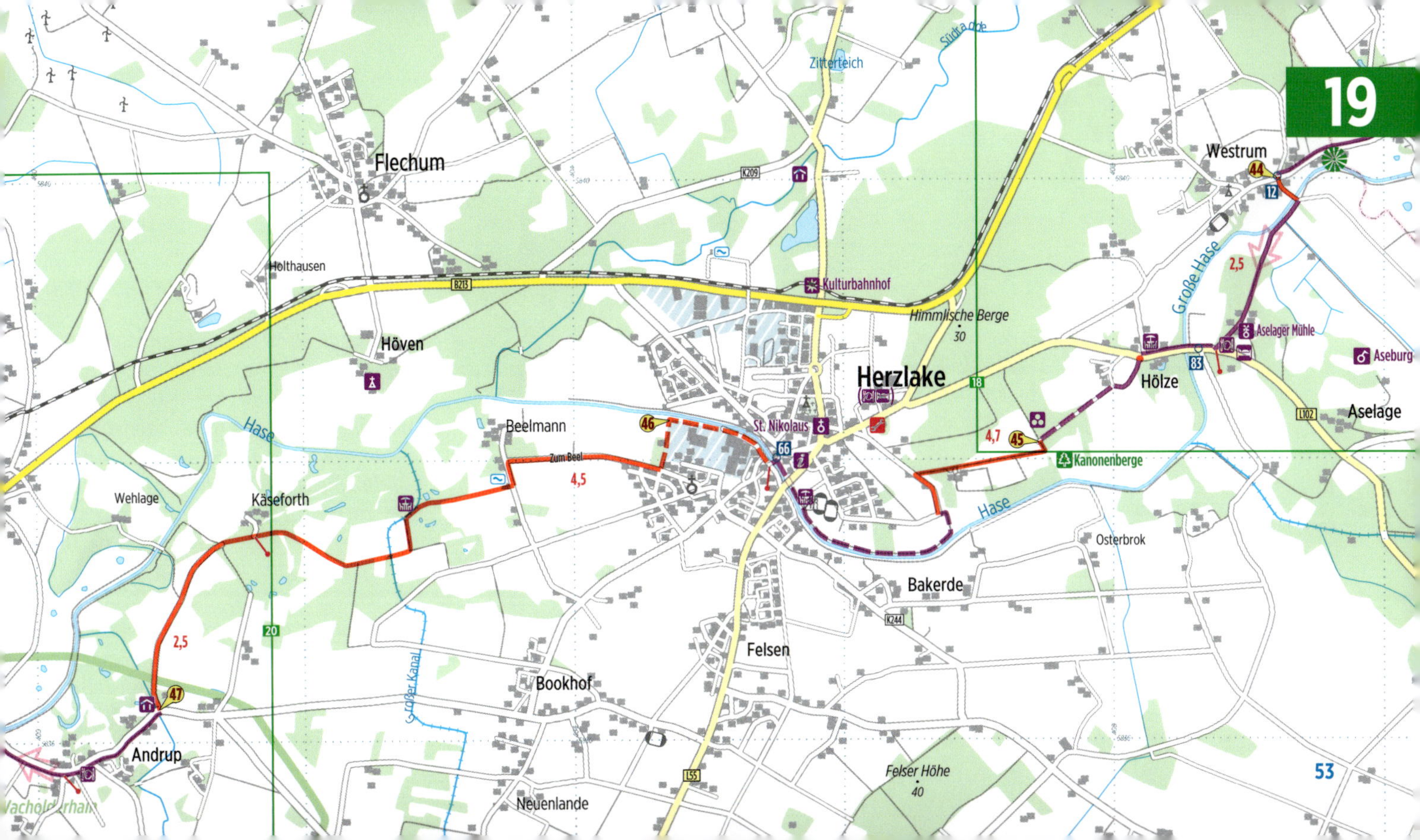
19
Flechum
Zitterteich
Südradde
K209
Westrum
Holthausen
B213
Kulturbahnhof
Himmlische Berge
30
Höven
Herzlake
Hölze
Aselager Mühle
Aseburg
Aselage
L102
Beelmann
St. Nikolaus
Hase
Zum Beel
4,5
4,7
2,5
Kanonenberge
Große Hase
Wehlage
Käseforth
Osterbrok
Bakerde
K244
Felsen
Großer Kanal
Bookhof
Andrup
Neuenlande
Felser Höhe
40
L55
Wacholderhain
44
45
46
47
12
18
20
66
83

Kulturbahnhof Herzlake

Vor zur asphaltierten Straße ~ dort beim **KP 19** links ~ aus dem Ort hinaus und vorbei am **KP 80** auf dem Rad- und Fußweg nach Düenkamp.

Düenkamp

Weiter geradeaus auf dem Rad- und Fußweg ~ dieser führt nach Westrum.

Westrum

44 An der Kreuzung mit dem **Olinger Weg** (**KP 12**) links halten ~ die Hase beim überqueren und gleich danach rechts in den Land- und Forstwirtschaftsweg ~ zuerst ein Stück entlang der Hase, diese entfernt sich dann vom Weg ~ weiter dem Verlauf des Weges folgen ~ vorbei an der **Aselager Mühle** (s. Daten Herzlake) und an der Vorfahrtsstraße rechts ~ nach dem **KP 83** erneut über die Hase und vorbei an einem Rastplatz ~ links in den Land- und Forstwirtschaftsweg und diesem folgen ~ **45** weiter in der Links-Rechts-Kurve und daraufhin am Betonplattenweg ~ an der T-Kreuzung links halten ~ der Rechtskurve folgen und nach 200 m links ~ zur Hase und dann rechts, weiter entlang des Flusses ~ vorbei an einem Rastplatz und unter einer Brücke hindurch ~ bei der Holzbrücke (**KP 66**) gelangen Sie rechts zum Markt.

Herzlake

Vorwahl: 05962

- **Gemeinde Herzlake**, Neuer Markt 4, ✆ 880, @ pwx834
- **St. Nikolaus**. Die Kirche wurde vor mehr als 700 Jahren errichtet. Besonders sehenswert ist der Taufstein aus dem 12. Jh.
- **Aseburg**. Heute ist von der etwa 1.000 Jahre alten Fluchtburg nur noch die Wallanlage zu sehen.
- **Aselager Mühle**. Die Erdholländer-Kappenwindmühle wurde im Jahre 1860 errichtet.

Südlich von Herzlake befindet sich das über 600 Hektar große Naturschutzgebiet Hahnenmoor. Nach erfolgreicher Wiedervernässung finden im ehemaligen Torfabbaugebiet selten gewordene Kreuzottern, Libellen und Moorfrösche einen idealen Lebensraum. Besonders eindrucksvoll ist das Moor im späten Frühjahr, wenn das fruchtende Wollgras den Boden bedeckt. Aber auch Pflanzen wie der Sonnentau, Schnabelried und Blumenbinse sind hier zu finden. In der Moorschule kann nach einer Führung das Moordiplom erworben werden.

Auf der Holzbrücke ans andere Ufer wechseln und weiter auf der **Hasestraße** ~ beim Abzweig rechts in die Sackgasse ~ **46** der

20
Kl.Dörgen
Stadtmark
Gut Sautmannshausen
Haselünne
Lahre
Lehrte
Schulstraße
Huden
Eltern
Wehlage
Brennereimuseum
Westerholtscher Burgmannshof
0,5
St. Vincentius
48
Freilichtmuseum
Haselünner See
2,8
2,5
47
19
Bummert
K223
B402
Bückelte
21
Andrup
Hase
4,5
4,7
Hamm
Wacholderhain
NSG Wacholderhain
50
49
Lienkolk
B213
Steinbohlenstr.
Fürstenauer Str.
Schützenstr.
Schumannshöhe
20
Wester
Andruper Feld
55
B402

Linkskurve folgen und rechts in die Straße **Zum Beel** ~ an der T-Kreuzung links und bei der nächsten Gelegenheit rechts ~ vor dem Großen Kanal der Linkskurve folgen ~ an der T-Kreuzung rechts ~ vorbei an den Häusern von **Käseforth** und weiter im weiten Linksbogen ~ **47** an der größeren Straße rechts halten, über die Brücke und durch Andrup hindurch.

Andrup

Vorbei an einem Gasthaus ~ die Hase überqueren und am Campingplatz vorbei ~ hinter dem Wäldchen links abbiegen Richtung Wacholderhain kurz darauf den Schildern nach rechts folgen ~ vorbei am Haselünner See ~ der Weg entfernt sich etwas vom See und nähert sich der Hase.

INS ZENTRUM Wollen Sie die Haselünner Altstadt besuchen, fahren Sie noch vor der Hasebrücke rechts und durch die Unterführung der B 213. Vorbei am großen Plesse-Parkplatz und dem Rathaus gelangen Sie in die Innenstadt.

Blick vom Wasserturm auf den Berentzen-Hof in Haselünne

Haselünne

Vorwahl: 05961

- **Tourist-Information**, Rathauspl. 1, ✆ 509320, @ vbb681
- **Berentzen-Hof mit Brennereimuseum**, Ritterstr. 7, ✆ 502510 Führungen sind auch möglich bei: Kornbrennerei Rosche, Neustadtstr. 35-38, ✆ 94550, Priv. Kornbrennerei Heydt, Neustadtstr. 11, ✆ 94550, @ yff111
- **Freilicht- und Heimatmuseum**, Lingener Str. 30, Mai-Sept., Sa 15 Uhr. Das Museum besteht aus acht Fachwerkhäusern, darunter eine Schmiede, eine Schusterwerkstatt, eine Marienklause, in denen zahlreiche Gegenstände aus vergangenen Zeiten zu sehen sind. @ wll452
- **St. Vincentius**, ✆ 91960. Die Kirche aus dem 15. Jh. ist eine gotische Hallenkirche.
- **Wacholder-Abitur**, ✆ 509320. Das eher vergnügliche Wacholder-Abitur wird im „Wacholdergymnasium" in Vogel- und Pflanzenkunde abgelegt.
- **Wacholderhain**. Mit einer Größe von 38 ha einzigartig in Nordwest-Deutschland.
- **Freibad**, Lingener Str. 29, ✆ 4045
- **Hallenbad**, Hammerstr. 32, ✆ 5551

Haselünne gilt als die älteste Stadt im Herzen des Emslandes. Der Name leitet sich ab von „Lunni", das waren Hölzer die in die Hase ge-

legt wurden, um den Fluss leichter überqueren zu können, und „Hassa", was dunkles Wasser bedeutet. Im Jahr 1272 erhielt Haselünne das Stadtrecht, später kamen dann eine Stadtverfassung, Markt- und Münzrechte dazu. Nachdem die Stadt lange Zeit unter Herzöglicher Herrschaft stand, gehörte es danach zum Königreich Hannover und in Folge zum Königreich Preußen. Heute gehört Haselünne mit den sehenswerten Fachwerkhäusern und dem Erholungsgebiet „Wacholderhain" zum Land Niedersachsen.

Von Haselünne nach Meppen 19,5 km

Auf der Hauptroute links über die Hase und gleich danach rechts halten ~ bis zur Brücke der Bundesstraße ~ **48** unter der B 213 hindurch und weiter entlang der Hase ~ dann rechts über eine Brücke ~ der Weg führt wieder am Haseufer weiter und geht in einen Land- und Forstwirtschaftsweg über ~ schließlich rechts weg und zweimal links folgen ~ vorbei an einer PKW-Waschstraße ~ weiter auf dem anfangs unbefestigten Land- und Forstwirtschaftsweg ~ **49** der Links-Rechts-Kurve folgen und an der Kreuzung wieder rechts ~ in **Hamm** an der Weggabelung rechts und kurz darauf links auf den Rad- und Fußweg.

Hamm

Sie überqueren die Hase und fahren weiter nach Bückelte.

Bückelte (Haselünne)

Bückelter Kapelle. Die im 16. Jh. erbaute Kapelle gehört heute zu den bekanntesten und meist besuchten Baudenkmälern des Emslandes.

50 Über eine kleine Brücke und an der ersten Kreuzung rechts

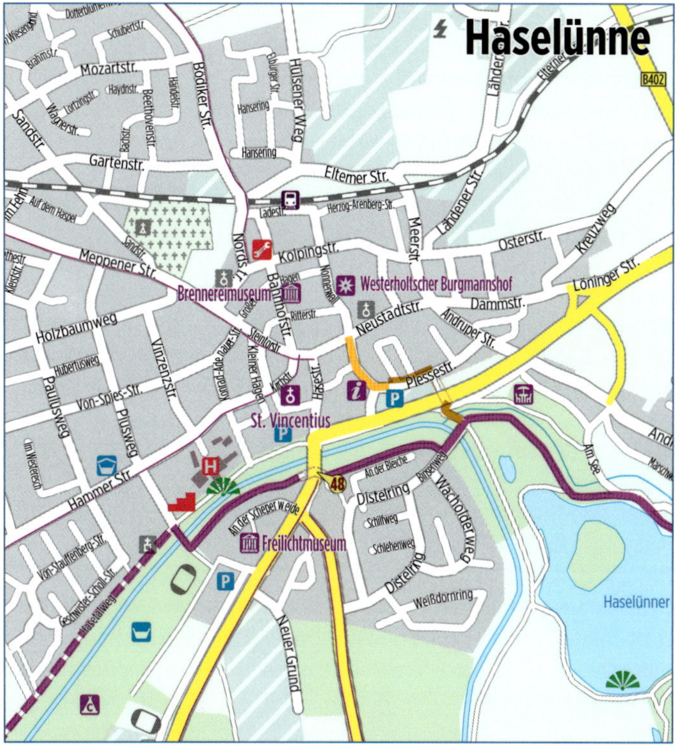

in die Straße **Holtesch** ~ an der T-Kreuzung wieder rechts und dem Straßenverlauf folgen ~ vorbei an einem Bauernhof ~ beim Abzweig nach links fahren Sie geradeaus auf den unbefestigten Land- und Forstwirtschaftsweg ~ über einen Wassergraben in ein Waldstück und kurz darauf links ~ nach 150 m rechts halten ~ dem Straßenverlauf nach Lehrte folgen ~ geradeaus halten und weiter auf dem linksseitigen Rad- und Fußweg.

Lehrte

An der Gabelung rechts und gleich darauf wieder links ~ dem Straßenverlauf folgen und an der Gabelung links auf den **Kamphausener Straße** ~ diesem nun bis Kamphaus folgen.

Kamphaus

51 An der Straßengabelung rechts in den Weg mit der 3,5-t-Beschränkung ~ an der Kreuzung rechts in die **Höfener Straße** ~ dem Straßenverlauf im Linksbogen durch **Hofe** folgen ~ weiter zur Vorfahrtsstraße, an dieser rechts und nach Bokeloh hinein, zuvor die Hase überqueren.

Bokeloh (Meppen)

Vorwahl: 05931

Alte Schule, Römerstr., ✆ 2645, ✆ 6610. In einer Daueraustellung wird zum einen an den Aufenthalt des Malers Otto Pankok im Emsland erinnert und zum anderen an den früheren Lehr- und Lernort.

Bokeloher Kirche. Die katholische Kirche kann auf eine über tausendjährige Geschichte zurückblicken.

Kurz hinter der Kirche links in den Weg ~ aus Bokeloh hinaus und Richtung Meppen ~ **52** nach etwa 1,5 km nach links und auf dem Waldweg zur Hase ~ dem Uferweg weiter nach rechts folgen ~ der Weg entfernt sich dann vom Fluss und führt weiter auf der Straße **Am Hang** ~ links in den **Wiesenweg** ~ vor der Straße **In den Kämpen** rechts in den schmalen Weg ~ die Dammstraße überqueren und geradeaus in den Weg **Orde** ~ Sie fahren direkt nach Meppen hinein ~ nach links auf einer kleinen Brücke über einen Bach ~ vorbei am Kreishaus und einem Teich ~ weiter auf dem gepflasterten Weg ~ beim Parkplatz gerade und dem Straßenverlauf nach rechts folgen Richtung Zentrum und Bahnhof ~ an der Vorfahrtsstraße **Hasebrinkstraße** links und unter der Bahn und der Straßenbrücke hindurch ~ rechts in die **August-Prieshof-Straße**, dann links in die **Hüttenstraße** ~ rechts halten und am Friedhof vorbei ~ am überdachten Busbahnhof links auf die **Kolpingstraße** ~ die Bahnhofstraße queren und an der nächsten Kreuzung links in die **Herzog-Arenberg-Straße** ~ auf der Hubbrücke über die Hase, die einige Meter weiter in die Ems mündet, ihr Flussbett wir hier vom Dortmund-Ems-Kanal genutzt.

Dortmund-Ems-Kanal

Durch Kaiser Wilhelm II. wurde im Jahr 1899 der Dortmund-Ems-Kanal feierlich eröffnet. Der Kanalbau sollte die Eisenbahn entlasten und einen neuen Transportweg für das Industriegebiet zwischen Dortmund und Rhein direkt in den Seehafen Emden schaffen. Der ca. 225 Kilometer lange Kanal und seine Schleusen unterlagen immer wieder größeren Ausbauarbeiten, auch heute noch gibt es einige Großbaustellen. Das bekannteste Industriedenkmal am Kanal ist das gigantische Schiffshebewerk

21
Meppen
Därenkämpe
Herrenmühle
Dörgenerfeld
B402
Bokeloh
Neustadt
Hase-Mündung
Schullendamm
94
Hubbrücke
Alte Schule
Hofe
Kl.Dörgen
Höfener Str.
Hase
Höltingmühle
St. Vitus
Stadtwall
Museen an der Koppelschleuse
Groß Dörgen
Wekenborg
B70
Lingener Str.
Kamphaus
K224
Helter Damm
K243
Lahre
Nödike
Lehrte
Helte
Kamphausener Straße
Schulstraße
Schleusengruppe
Dortmund-Ems-Kanal
Bummert
K223
Haar
Haselünne
Bückelte
Hase

Henrichenburg, das ebenfalls 1899 von Kaiser Wilhelm II. eingeweiht wurde. 71 Jahre versah es seinen Dienst und wurde 1979 vor dem Verfall gerettet. Heute ist das alte, wie auch das neue, 1962 gebaute Hebewerk im Schleusenpark zu besichtigen.

Meppen

Vorwahl: 05931

- **Tourist-Information Meppen (TIM) e.V.**, Markt 4, ✆ 153153, @ eds174

- **Museen an der Koppelschleuse**, An der Koppelschleuse 19a, ✆ 6605 Seit Herbst 2020 präsentieren sich die vorher getrennten Häuser (Emsland Archäologie Museum und Stadtmuseum Meppen) unter einem Dach. Ausstellung zur Ur- und Frühgeschichte des Emslandes, zur Stadtgeschichte sowie Sonderausstellungen. @ tiq144
- **Gymnasialkirche**. Die Jesuitenresidenz und der Barockbau der Gymnasialkirche von 1746 wurden von Karl Immendorf und Johann Conrad Schlaun erbaut.
- **Propsteikirche St. Vitus**, Kuhstr. 40. Hier stand bereits um 780 eine kleine Taufkirche, die im Jahr 1225 durch einen größeren romanischen Bau ersetzt wurde. Im 15. Jh. entstand die dreischiffige spätgotische Hallenkirche, es folgten in späteren Jahrhundert mehrfach Aus- und Umbauten. Der große neugotische Flügelaltar im Inneren stammt aus dem Jahr 1895.
- **Höltingmühle**, Am Nachtigallenwäldchen 2a. Holländerwindmühle (1960) auf der Landzunge zwischen Hase und Dortmund-Ems-Kanal. In der Mühle war bis zum Frühjahr 2020 ein Restaurant untergebracht. @ wer638
- **Herren- oder Kossenmühle**, An der Radde 1. Die 1991 restaurierte Kornmühle wurde vor 450 Jahren gebaut.

Höltingmühle in Meppen

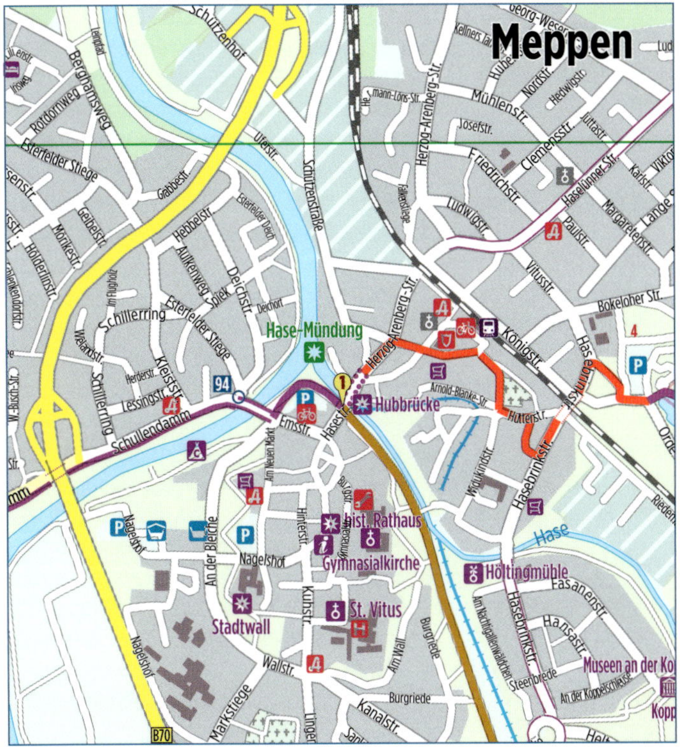

Meppen, Rathaus

Meppen, Kirchenschiff der Probsteikirche

Freilichtbühne Meppen, Berghamsweg, ✆ 12825. Die Waldbühne verfügt über 1.650 Sitzplätze. @ jbd417

Hubbrücke. Bereits im Mittelalter befand sich an der Stelle der heutigen Brücke eine hölzerne Jochbrücke mit beweglicher Klappe. Die Brücke ist eine wichtige Verbindung zwischen der westlich der Hase liegenden Altstadt und der Neustadt östlich des Flusses.

Koppelschleuse. Sie diente als zweistufige Schleusenanlage zur Überbrückung des Höhenunterschieds zwischen dem ehemaligen Ems-Hase-Kanal und der Hase. Die Anlage ist im ursprünglichen Zustand erhalten, aber nicht mehr in Betrieb. @ fvp315

Renaissance-Rathaus, Markt. Das Untergeschoss des Rathauses, welches das Wahrzeichen der Stadt ist, wurde aus sehr großen Findlingen im Jahr 1408 erbaut. Im Jahr 1605 wurde der Bau um zwei Stockwerke erweitert. @ lxo323

Stadtführungen. Informationen erhalten Sie bei der Tourist-Information. @ kdm824

Stadtwall. Der ringförmige Wall (1360) um die Altstadt lädt zum Spaziergang ein.

Walderlebnispfad Fullener Wald, Jägerstr., 8 km westl. von Meppen. In einem knapp 300 ha großen Waldgebiet sind der 2,5 km lange Fullener Waldweg und der gleich lange Moorweg mit vielen Infos für Groß und Klein ausgestattet.

Hase-Mündung. Die Hase mündet nach fast 170 km in Meppen in die Ems. Auf den letzten Metern zwischen Höltingmühle und Hase-Mündung nutzt der Dortmund-Ems-Kanal das Flussbett der Hase. In diesem Bereich befindet sich auch noch ein Altarm, der den Bauhof des Wasserstraßen- und Schifffahrtamtes umschließt.

Emsbad, Nagelshof 60, ✆ 153258, @ iil631

Meppen, die grüne Stadt am Wasser, liegt am Zusammenfluss von Ems und Hase. Ende des achten Jahrhunderts gründete Karl der Große hier eine Taufkirche, auf die 1461 die Propsteikirche gebaut wurde. 834 übertrug sein Sohn, Ludwig der Fromme, Meppen an das Kloster Corvey. Daraus resultiert die erste Erwähnung der Stadt. Als 1360 Meppen zur Stadt ernannt wurde, baute man im Zuge dessen Befestigungsanlagen zur Verteidigung. Die Anlagen überdauerten die Zeiten und so kann man heute auf ihnen einen Spaziergang rund um die Stadt unternehmen. Leider ging im Modernisierungswahn der Nachkriegsjahre wertvolle, alte Bausubstanz verloren. Nichtsdestotrotz haben sich alte Traditionen bewahrt, wie die der „Kreuztracht": 1647, von Jesuitenpater Nicolaus Krebs in der schlimmen Zeit des Dreißigjährigen Krieges ins Leben gerufen, machen sich die Bewohner Meppens an jedem Karfreitag auf, um in einer Prozession die fünf Stationen zu besuchen, die an das Leiden Jesu erinnern. Die Rolle des Jesus übernimmt ein unbekannt bleibender Mann, der barfuß ein schweres Holzkreuz zu den Stationen tragen muss. Der Brauch der Schützenfeste ist allerdings noch weitaus älter. Bereits 1410 zum Zwecke der Selbstverteidigung gegründet, feiert heute die ganze Stadt alljährlich dieses alte Fest.

Von Meppen nach Osnabrück

132,5 km

HM/km: ↗1,6 (216m) ↘1,2 (165m) **Radweg:** 41 % **Unbefestigt:** 14 % **Verkehr:** 1 %

Im zweiten Abschnitt führt Sie die Route nun durch das Emsland. Von Meppen radeln Sie entlang der Ems durch die sehenswerten Städte Lingen und Rheine und können u. a. das Moormuseum, das Kloster Bentlage oder die Saline Gottesgabe besichtigen. Entlang der Hörsteler Aa sowie der Ibbenbürener Aa führt Sie eine Verbindungsroute von Rheine über Ibbenbüren und vorbei am Aasee zurück zum Zielpunkt, nach Osnabrück.

Die ebene Route verläuft die meiste Zeit auf Radwegen und befestigten Feldwegen oder schmalen Straßen. Mit Verkehr ist hauptsächlich im Stadtbereich, vor allem in Meppen, Rheine und Osnabrück, zu rechnen.

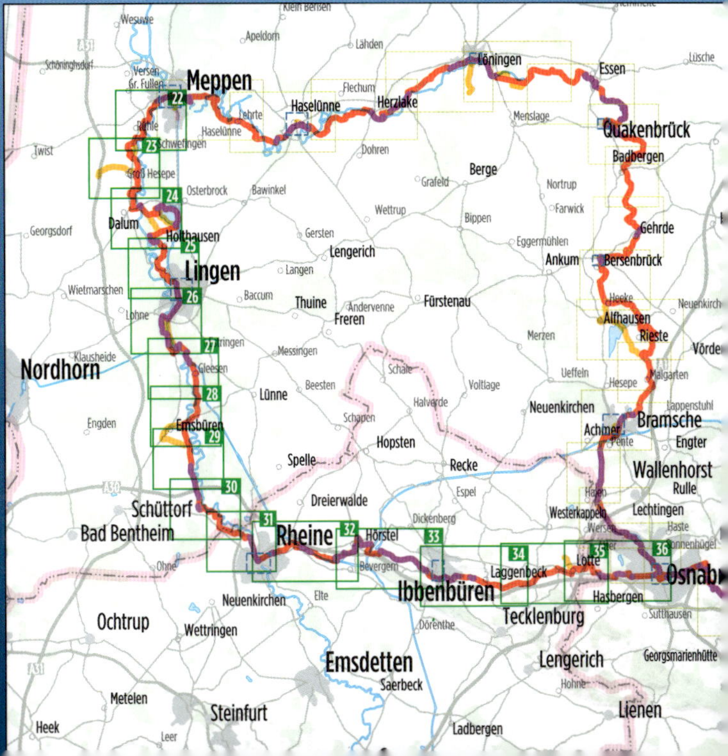

Jesuitenkirche in Meppen

Von Meppen nach Lingen 37,5 km

1 Nördlich der Meppener Innenstadt verläuft die Route auf dem Uferweg an der Mündung der Hase in die Ems entlang ~ nach ca. 250 m rechts auf die Brücke und über die Ems ~ vorbei am **KP 94** auf der Straße **Schullendamm** weiter, an der Ampel wechseln Sie auf den linksseitigen Radweg ~ unter der Straßenbrücke hindurch ~ an **KP 53** vorbei, am **KP 34** dann links in den Land- und Forstwirtschaftsweg ~ an der T-Kreuzung links und vorbei am Ortsendeschild ~ dem Wegeverlauf folgen ~ dieser führt immer unweit der Ems dahin ~ an der Gabelung bei **KP 18** links auf den unbefestigten Weg ~ links sind Erdölpumpen zu sehen ~ **2** an der T-Kreuzung mit der **L 48** links und nach Rühle hinein.

Rühle (Meppen)

Bauerngarten Rühle, Franziskuspl. Der in 16 Parzellen eingeteilte Garten wird von den Heimatfreunden Rühle verpachtet. Die frei zugängliche Anlage ist ein idyllischer Treffpunkt für den Ort und zugleich mit der Schutz- und Rasthütte und der E-Bike-Ladestelle ein schöner Rastplatz für Fahrradfahrer.

Weiter auf dem linksseitigen Rad- und Fußweg ~ vorbei am **KP 75** und aus dem Ort hinaus ~ dann links in den asphaltierten Weg abzweigen ~ an der T-Kreuzung rechts ~ vorbei an einigen Häusern und weiter

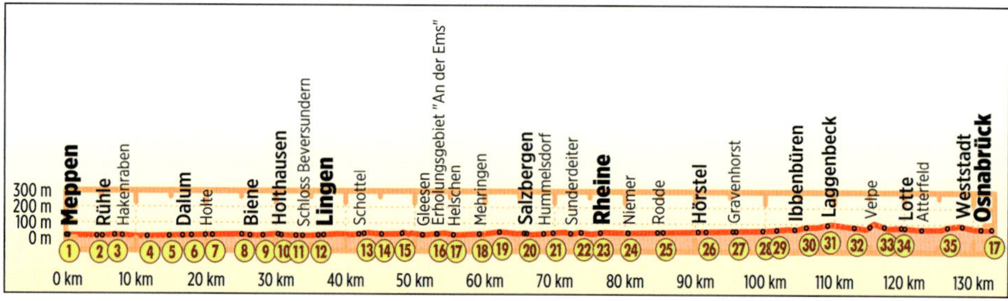

Klein Heseper Moor

bis zur Vorfahrtsstraße ~ **3** fahren Sie hier links auf den Rad- und Fußweg ~ vor dem rechtsseitigen Waldstück rechts, Sie können hier aber auch auf dem Radweg entlang der Straße verbleiben ~ nach dem kleinen See links halten ~ an der T-Kreuzung (**KP 29**) links und durch die Siedlung ~ an der folgenden T-Kreuzung rechts ~ vor den Bäumen dem Linksbogen folgen.

Klein Hesepe (Geeste)

An der **L 48** rechts und schon bald wieder links in die **Emstalstraße** ~ an der Gabelung rechts weiter und dem Verlauf des asphal-

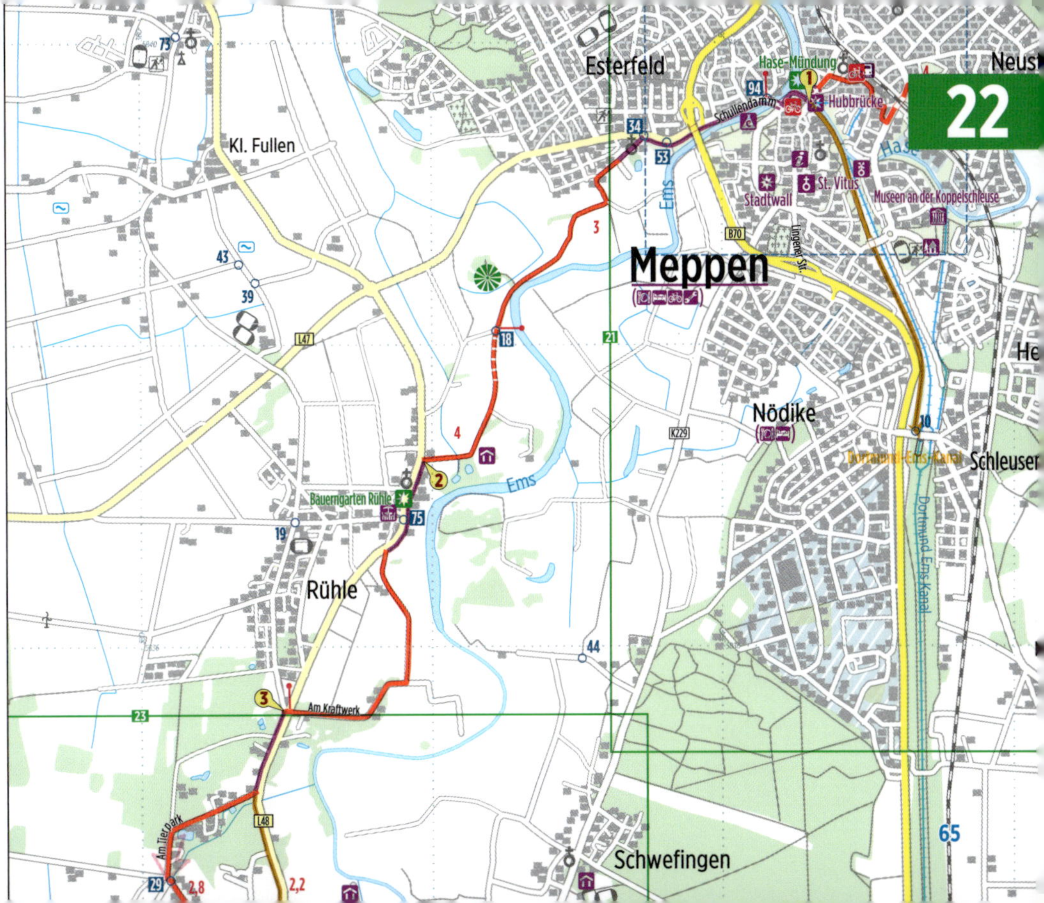

Emsland Moormuseum, Ausstellungshalle

tierten Weges folgen ~ vorbei an einem Rasthäuschen ~ an der T-Kreuzung rechts, **4** kurz darauf links.

AUSFLUG Geradeaus gelangen Sie nach Groß Hesepe und zum nahe gelegenen Moormuseum, wo die europaweit größte Sammlung und Ausstellung zum Thema Moor zu sehen ist.

Ausflug zum Moormuseum 4,5 km

Auf dem asphaltierten Weg fahren Sie nach Groß Hesepe.

Groß Hesepe (Geeste)

St. Nikolaus. Die gotische Hallenkirche aus dem 13. Jh. birgt im Inneren wertvolle Kunstschätze, u. a. einen spätbarocken Hochaltar und gotische Deckenmalerei.

An der Vorfahrtsstraße rechts, gleich darauf wieder links und weiter am Rad- und Fußweg ~ durch Groß Hesepe hindurch ~ immer weiter dem Straßenverlauf folgen ~ nochmals am Ortseingangsschild für Groß Hesepe vorbei ~ nach der etwas stärkeren Linkskurve gerade über die Kreuzung und weiter dem Verlauf der Straße folgen ~ die Route führt dann links weg von der Straße zum Moormuseum ~ rechts in den Weg hinein wo schon einige Ölpumpen zu sehen sind, hier befindet sich nun das Museum.

Geestmoor

Vorwahl: 05937

Emsland Moormuseum, Geestmoor 6, ✆ 709990, ◷ März-Okt., Di-So 10-18 Uhr. Alles über die Tradition und Lebensbedingungen im Moor, von den ersten Siedlern bis zum industriellen Torfabbau. In zwei modernen Ausstellungshallen werden Maschinen, Filmdokumente, Karten und vieles mehr gezeigt, auch der größte Tiefpflug der Welt ist zu sehen. Im Außenbereich führen Holzbohlenwege durch die ca. 20 ha große Hochmoorfläche. Ein Siedlerhof und ein Museumscafé komplettieren das reichhaltige Museumsangebot. @ tqi414

Das Moor

Als Moor bezeichnet man ein Gebiet, das eine mindestens 30 Zentimeter dicke Torfschicht aufweist. Begonnen hat die Entstehung eines Moores etwa vor 10.000 Jahren mit dem Ende der letzten Eiszeit und dem damit verbundenen Anstieg der Temperaturen. Es gibt zwei verschiedene Arten: Hochmoore und Niedermoore. Hochmoore sind als Regenwassermoore sauer

Hochmoor im Moormuseum

und sauerstoffarm. Somit können nur wenige Pflanzen- und Tierarten hier überleben. Im Gegensatz dazu sind Niedermoore vom Grundwasser abhängig. Sie bieten Lebewesen mehr Mineralstoffe und ein sauerstoffreiches Milieu.

Auf der Hauptroute folgen Sie am **KP 25** vorbei weiter dem Straßenverlauf ~ an der Kreuzung geradeaus ~ an der T-Kreuzung rechts ~ an der nächsten T-Kreuzung links und weiter nach Dalumer Rull.

Dalumer Rull

An der Vorfahrtsstraße links ~ es befindet sich links und rechts der Straße ein Radstreifen ~ **5** über eine Brücke und gleich danach links (**KP 20**) ~ dem asphaltierten Weg folgen ~ weiter in der Rechtskurve ~ über eine Brücke und hinein nach Dalum.

Dalum (Geeste)

Vorwahl: 05937

- **Touristikbüro der Gemeinde Geeste**, Am Rathaus 3, ☎ 69106, @ pwu478
- **Hallenbad**, Am Rathaus 4, ☎ 69330

An der Vorfahrtsstraße links und vorbei am **KP 78** auf dem Rad- und Fußweg entlang

der L 67 den Ort wieder verlassen ⁓ **6** die Ems überqueren, hinter der Brücke (**KP 54**) scharf links hinab und links unter der Straße hindurch ⁓ an der Straße rechts halten ⁓ geradeaus über die Kreuzung ⁓ an der nächsten Kreuzung links in die Straße **Im Holte**.

VARIANTE Geradeaus lässt sich die Route um 5,6 km abkürzen, Sie verpassen dann aber den Speichersee.

Speicherbecken Geeste

Auf der Hauptroute an der T-Kreuzung rechts und gleich darauf links ⁓ an der Vorfahrtsstraße links auf dem rechtsseitigen Rad- und Fußweg weiter ⁓ **7** in die zweite Straße zwischen den Parkplätzen (**KP 76**) rechts Richtung Lingen und Biene bzw. zum Café-Restaurant Deichkrone.

VARIANTE Am Waldrand können Sie wahlweise rechts fahren, vorbei am Sportboothafen und stets in Sichtweite leicht oberhalb des Seeufers. Die Hauptroute streift im Gegenzug ein verwunschenes Naturschutzgebiet.

Speicherbecken Geeste

In den 1980er Jahren wurde der See als Kühlwasserbecken für das südlich von Lingen gelegene Kernkraftwerk Emsland errichtet. Neben dem Regenwasser gibt es keinen natürlichen Zufluss. Die Regulierung der Wassermenge erfolgt durch den Zu- und Abfluss über den Dortmund-Ems-Kanal.

Mit dem 850 Meter langen Sandstrand und einem vielfältigen Freizeitangebot hat sich der 180 Hektar große Speichersee zu einem beliebten Naherholungsgebiet entwickelt.

Auf der Hauptroute fahren Sie am Waldrand links Richtung Café-Restaurant und bald an diesem vorbei ⁓ Sie fahren oberhalb des langen Strandes der Nordbucht ⁓ vorbei an einem urwüchsigen Naturschutzgebiet ⁓ Sie radeln im großen Bogen leicht oberhalb des Speicherbeckens ⁓ am Südende links vom See weg (**KP 26**) ⁓ **8** an der Vorfahrtsstraße rechts ⁓ auf dem rechtsseitigen Rad- und Fußweg nach Biene hinein.

Biene

Weiter auf dem Rad- und Fußweg der **Langen Straße** ⁓ die Kreuzung geradeaus überqueren ⁓ weiter dem Straßenverlauf folgen ⁓ links in die Straße **Zum Biener Busch** ⁓ dem Verlauf der Straße folgen ⁓ bei der Gabelung links halten ⁓ **9** vor dem Sportplatz links in den Weg ⁓ über einen Bach und an einer Schranke vorbei ⁓ der Straße **Im Kamphoog** weiter folgen ⁓ es geht zu den ersten Häusern von Holthausen ⁓ wo die Straße links weggeht, fahren Sie weiter geradeaus ⁓ durch ein Waldstück und nach Holthausen hinein.

Holthausen (Lingen (Ems))

An der T-Kreuzung rechts in die **Kroppstraße** ~ geradeaus über die Kreuzung ~ **10** an der Vorfahrtsstraße rechts ~ im Linksbogen aus dem Ort hinaus und weiter dem asphaltierten Weg folgen ~ über einen kleinen Bach und an der Kreuzung geradeaus Richtung Nordhorn auf den **Meschweg** ~ **11** an der Vorfahrtsstraße links Richtung Altenlingen.

Altenlingen

Nach dem Ortsschild rechts in den Weg, den Schildern folgend ~ an der Gabelung geradeaus weiter, rechts geht es zum Golfplatz ~ geradeaus über die Kreuzung ~ an der T-Kreuzung links ~ über einen kleinen Bach und weiter rechts auf dem **Horstweg** ~ bald sind die ersten Häuser von Lingen zu sehen ~ **12** vor der Brücke links zum Uferweg und dann nach rechts am Ufer entlang, für einen Abstecher nach Lingen überqueren Sie nach links die Kirchhofsbrücke.

Lingen (Ems)

Vorwahl: 0591

Lingen Wirtschaft & Tourismus GmbH, Neue Str. 3a, ✆ 9144144, @ prm172

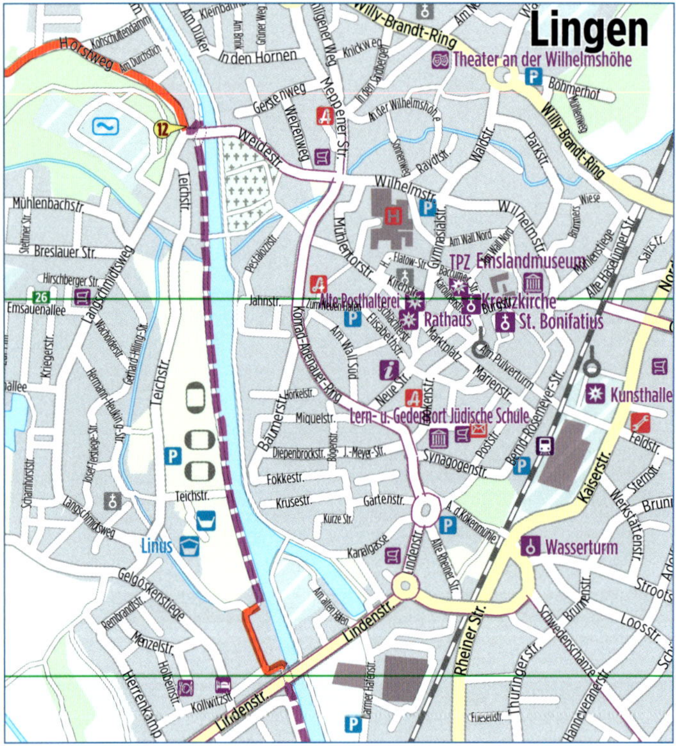

Marktplatz in Lingen

Emslandmuseum mit Kutscherhaus, Burgstr. 28b, ☎ 47601, Di-So 14.30-17.30 Uhr u. n. V. Geschichte des Lingener Landes vom Mittelalter bis zum Ende des Zweiten Weltkrieges. @ cju571

Kunsthalle Lingen, Kaiserstr. 10a, Halle IV, ☎ 59995 Wechsel- und Dauerausstellungen der bildenden Kunst. @ ejx323

Lern- und Gedenkort Jüdische Schule, Synagogenstr., ☎ 5544 Dokumentation der 250-jährigen jüdischen Geschichte der Stadt, von den Anfängen im 17. Jh. bis zu den Deportationen der Familien 1941/42. @ ctw542

Kreuzkirche, Universitätspl. Die Kirche mit der barocken Fassade wurde im Jahr 1737 erbaut.

St. Bonifatius, Burgstr. Die klassizistische Kirche stammt aus dem Jahr 1836.

Pulverturm, Am Pulverturm 3. Ein Nachbau des Pulverturm aus dem 15. Jh., der zur Festung Lingens gehörte und in dem die Schießpulvervorräte der Stadt gelagert wurde. Das Original wurde 1607 zusammen mit Teilen der alten Festungsanlage zerstört, als der Turm infolge eines Brandes explodierte.

Wasserturm, Kaiserstr. 30, ☎ 91200. Der 42,60 m hohe Wasserturm stammt aus dem Jahre 1909 und diente bis 1984 als zentrale Wasserversorgungsanlage der Stadt. Heute wird die Kuppel des Turms für Trauungen und andere Festlichkeiten genutzt. @ wxf573

- **Theater an der Wilhelmshöhe**, Willy-Brandt-Ring 44, ✆ 64554. Überzeugen Sie sich selbst von der kulturellen Vielfalt des Theaters. @ gsr867
- **Haus Hellmann**, Burgstr. 13. Das Haus Hellmann aus dem Jahr 1641 ist eines der schönsten Bürgerhäuser der Stadt. @ djh245
- **Historisches Rathaus**, Am Markt 15. Das Gebäude mit seinem Giebel und der repräsentativen Freitreppe ist Wahrzeichen der

Historisches Rathaus Lingen

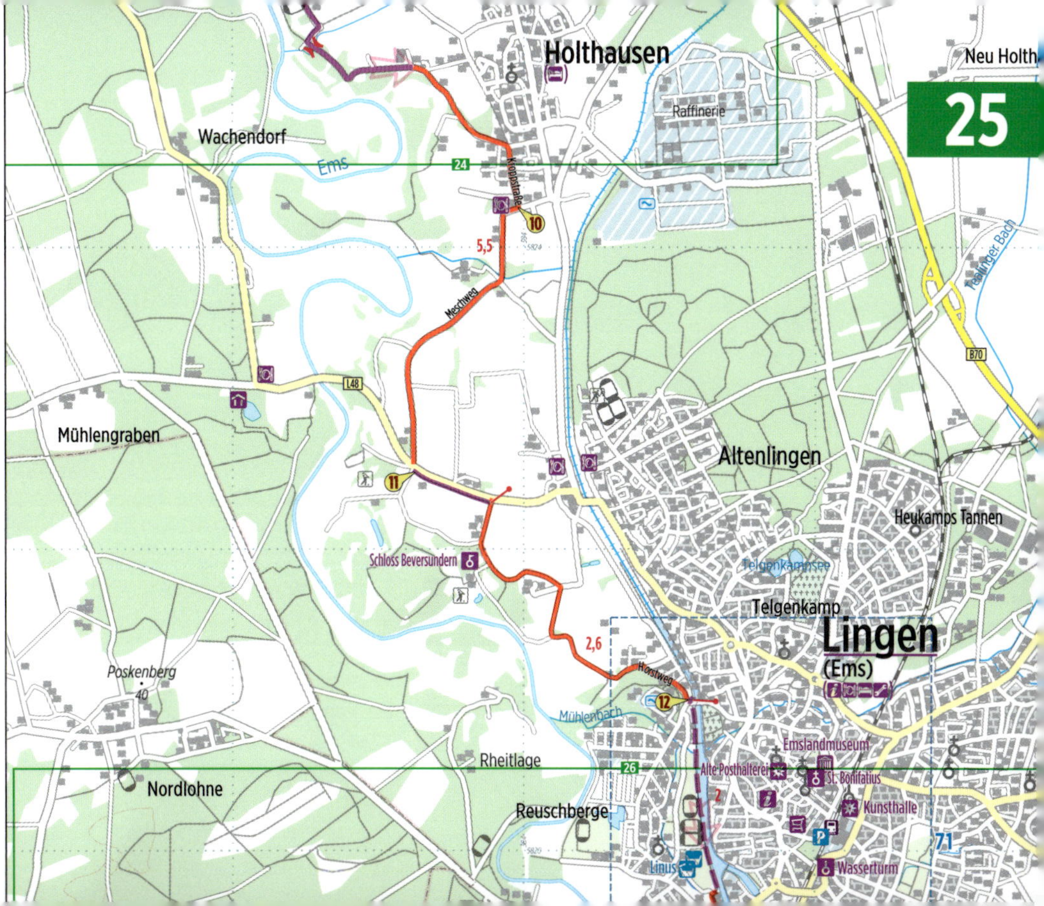

Unterführung am Bahnhof in Lingen

Stadt und bestimmt das Bild des Marktes. Das Rathaus wurde 1663 erbaut. @ mxh477

- **Historisches Spectaculum.** Eine Stadtführung mit den Kivelingen (Kivelinge = unverheiratete Bürgersöhne, die 1372 erfolgreich die Stadt verteidigt haben, als alle übrigen Männer bereits im Krieg waren) ist ein außergewöhnlicher Stadtrundgang, Infos zu allen Stadtführungen unter ✆ 9144144, @ cpr373
- **Kivelingshaus**, Rathausg. 1, ✆ 91440. Das Haus aus dem Jahr 1580 ist eines der ältesten Bürgerhäuser der Stadt.
- **Marktplatz.** Auf dem Marktplatz befinden sich u. a. das Historische Rathaus von 1663 und die alte Posthalterei.
- **TPZ Theaterpädagogisches Zentrum**, Universitätspl. 5-6, ✆ 916630. Mit Erlebnishaus und Café. @ kny726
- **Universitätsplatz.** Mit dem Professorenhaus, dem Seminargebäude und der Kreuzkirche.
- **Linus Lingen Wasserwelten**, Teichstr. 18, ✆ 916500. Freizeit- und Spaßbad mit Freibad und 6.000 m^2 großer Saunawelt mit Innen- und Außenbereich sowie Wellness-Spa. @ pqs113

Lingen (Ems) bietet mit seiner Größe von 55.000 Einwohnern viele Überraschungen: Eine Vielzahl an historischen Bauwerken, in denen man den Atem vergangener Epochen spürt, eine idyllische Naturlandschaft rundherum, die zu den verschiedensten Freizeitaktivitäten einlädt, internationales Theaterambiente, eine Musikszene von Klassik bis Rock und zahlreiche Sportmöglichkeiten.

Historisch gesehen ist Lingen über 1.000 Jahre alt (erste urkundliche Erwähnung 975). Durch die strategisch wichtige Lage der Stadt im überörtlichen Verkehrsnetz und durch den Fluss Ems war Lingen stets von Herrscherhäusern umkämpft. Mal gehörte die Stadt zu den Spaniern, dann zu den Oraniern, den Habsburgern, den Preußen, den Franzosen, den Hannoveranern und auch zu regionalen Fürsten. Innerhalb der 1520 errichteten Festungsmauern, von denen man heute allerdings nichts mehr sieht, befindet sich heute die verkehrsberuhigte Innenstadt. Es lohnt sich daher ein ausgedehnter Spaziergang entlang von schmucken, aus verschiedensten Epochen stammenden Gebäuden und eine Rast in den gemütlichen Cafés, Kneipen oder Restaurants.

Von Lingen nach Salzbergen *28,5 km*

In Lingen führt der Radweg am rechten Ufer des Dortmund-Ems-Kanals weiter ~ vorbei an der Altstadt ~ unter der Brücke der L 60 hindurch und weiter bis zur Brücke der Bundesstraße.

VARIANTE **Gefällt Ihnen der entspannte Weg am Kanal, fahren Sie unter der Bundesstraße hindurch geradeaus und wechseln nach 3 km beim Sperrtor die Uferseite. Bei der Eisenbahnbrücke treffen Sie wieder auf die Hauptroute.**

Auf der Hauptroute fahren Sie vor der Brücke rechts weg ~ eine Straße queren, dann über die Ems ~ weiter in einem starken Rechtsbogen unter der Bundesstraße hindurch ~ die Ems befindet sich nun links des Radweges ~ **13** an der T-Kreuzung links ~ auf dem unbefestigten Weg durch den Wald ~ vorbei an einer Schranke und weiter auf dem asphaltierten Weg ~ Sie passieren eine Gaststätte und fahren im Rechtsbogen zu einer Brücke ~ links

auf der Brücke über den Ems-Vechte-Kanal ~ **14** an der Vorfahrtsstraße links und weiter am linksseitigen Rad- und Fußweg ~ auf der Brücke über den Dortmund-Ems-Kanal und nach dem Linksbogen links in den Anliegerweg **An der Schleuse** ~ unter der Brücke hindurch und dahinter links auf den asphaltierten Weg ~ unter zahlreichen Hochspannungsleitungen hindurch, links und rechts befinden sich Kraftwerke ~ die Bahngleise überqueren ~ am Anfang des Waldes geht es zu einer T-Kreuzung, hier rechts halten ~ vorbei am Stahlwerk Lingen und der Links-Rechts-Kurve folgen ~ wieder weiter dem asphaltierten Weg folgen ~ **15** an der Kreuzung rechts und gleich darauf in den Wald hinein ~ vor der Schleuse links in den schmalen unbefestigten Weg ~ über die Große Aa ~ den Dortmund-Ems-Kanal zweifach überqueren und weiter nach Gleesen ~ vorbei am ehemaligen Gasthaus Gleesener Schleuse ~ der etwas stärkeren Rechtskurve folgen ~ weiter dem Straßenverlauf folgen und rechts in die Straße **Zum Linnspiek**.

Emsufer bei Gleesen

Gleesen

Bei der Kreuzung links in die Straße **Im grünen Revier** ~ die nächste Kreuzung geradeaus überqueren ~ weiter dem Weg folgen ~ **16** vorbei am Erholungsgebiet ~ durch einen Wald hindurch und weiter nach Helschen.

Helschen

17 An der T-Kreuzung rechts auf den linksseitigen Radweg ~ die Ems überqueren ~ links in den Land- und Forstwirtschaftsweg.

VARIANTE Für einen Besuch von Emsbüren – es ist ein kleines Schmuckstück im südlichen Emsland – folgen Sie der unkommentierten Variante geradeaus. Auf dem Weg zurück zur Hauptroute bietet sich ein Abstecher zur Enking's Mühle an, das Café hat in der Saison Do-So ab 14 Uhr geöffnet.

Emsbüren

Vorwahl: 05903

- **VVV Emsbüren e. V.**, Dahlhok 14, ✆ 935758, @ pwq235
- **Emsfähre St. Christophorus MehrLi**, ✆ 935758, Fährzeiten: Mai-Okt., Sa 14-18 Uhr, So/Fei 10-18 Uhr. Die handbetriebene seilgebundene Fähre überquert die Ems zwischen den Ortsteilen Mehringen und Listrup. @ abf821
- **Freilichtmuseum Heimathof Emsbüren**, Ludgeristr. 2, „Galgenberg", ✆ 935758, ✆ 9328137 Die 8 originalgetreu aufgebauten Fachwerkhäuser zeigen das bäuerliche Leben des 18. Jhs. Sehenswert ist auch der Heilkräutergarten. @ wfl824
- **St. Andreas**, Kirchpl. Der älteste erhaltene Teil der Kirche ist ein romanisches Tor aus dem 12. Jh., mit schönem hist. Pfarrgarten.
- **Enking's Mühle**, Mühlenstr. 32, ✆ 281. Die restaurierte Holländer-Windmühle (1802) wird heute noch zum Schroten von Roggen genutzt, mit Schwarzbrotbäckerei und Mühlencafé. @ fpg138
- **Erlebnispark Emsflower**, Carl-von-Linné-Str. 1, ✆ 935530 Derzeit Europas größter Gartenbaubetrieb mit Besucherzentrum, Schmetterlingsattraktion im Tropenparadies, Indoor-Spielplatz, Gastronomie und Direktvermarktung sowie im Außenbereich

Heilkräutergarten beim Heimathof Emsbüren

der Probegarten „Mini Emsflower“. Hier ist das Original in 1:10 nachgebildet. Die Parkanlage ist etwa 5 km von Emsbüren entfernt und befindet sich an der Straße nach Schüttorf. @ xfe782

- **Kartworld**, Schmiedestr. 14, ✆ 941780 Ⓔ Kartfahren auf einer 1.000 m langen Außenbahn. @ guy346
- **Swin Golf Park Mehringer Heide**, Mehringen 19a, ✆ 6560 Ⓔ 18-Loch-Anlage auf einer Fläche von 9 ha. Swingolf ist eine platzsparende, vereinfachte Variante von Golf, die aus Frankreich

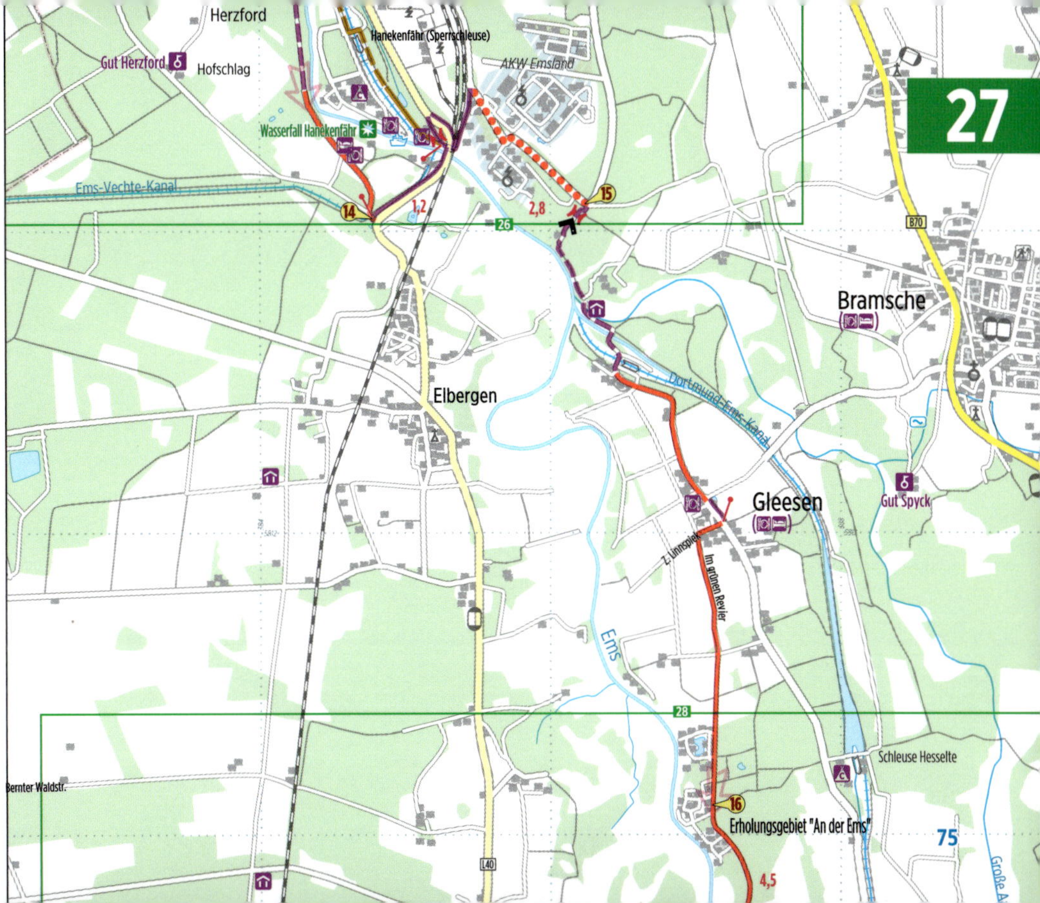

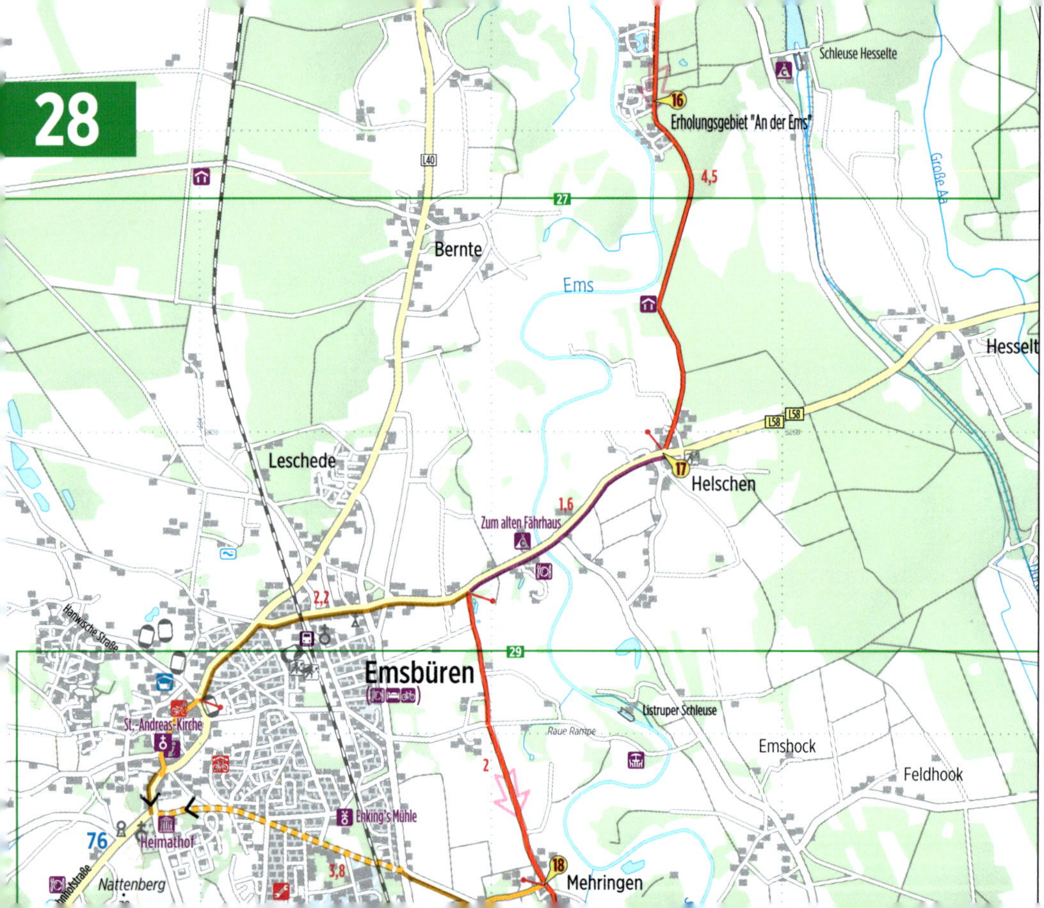

stammt – gewissermaßen Golf rustikal. Auf der Anlage befinden sich u. a. ein Bauernhofcafé und eine Salzgrotte sowie ein 20.000 m² großer Mais Irrgarten. @ bno288

Heilkräutergarten, Ludgeristr. 2, beim Heimathof, ✆ 935758, ⏲ Mai-Sept., jeden 3. So im Monat 14-18 Uhr. Auf einer Fläche von 2.000 m² sind ca. 200 Nutz- und Heilkräuter angebaut. @ wes153

Ems-Bad, Hanwische Str. 7, ✆ 7445, @ qkc285

Auf der Hauptroute die Kreuzung geradeaus überqueren ~ nach Mehringen hinein.

Mehringen

18 Dem Straßenverlauf folgend durch den Ort ~ dort wo die Straße rechts hinzustößt, fahren Sie geradeaus weiter und in den Wald hinein ~ über den Ahlder Bach ~ der Weg wird nun unbefestigt ~ **19** an einer leicht versetzten Kreuzung nahe des Ems-Ufers geradeaus weiterfahren ~ unter der Autobahn hindurch ~ der Weg ist nun wieder asphaltiert ~ geradeaus in den Weg **Wieschebrink** und nach Neumehringen hinein.

Neumehringen

Den Ort durchqueren ~ an der Kreuzung geradeaus weiter ~ immer noch auf der Straße

Wieschebrink ~ an der Vorfahrtsstraße links halten ~ auf dem Rad- und Fußweg nach Salzbergen hinein.

Salzbergen

Vorwahl: 05976

Gemeinde Salzbergen, Franz-Schratz-Str. 12, ✆ 94790, @ jai123

Ausstellungsscheune, Kolpingstr., neben dem Heimathaus In dem Gebäude aus dem Jahr 1720 kann u. a. eine Sammlung hist. Waschmaschinen besichtigt werden. @ mwt883

Emsfähre zwischen Mehringen und Listrup

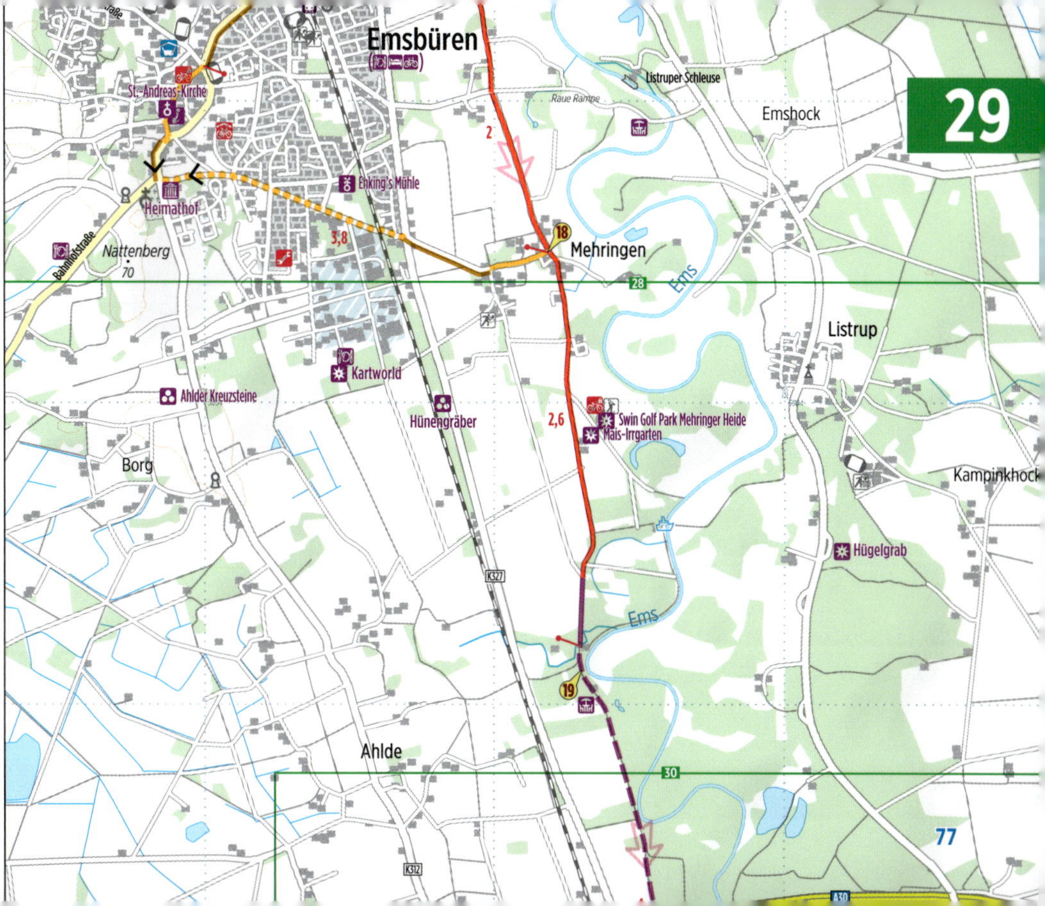

Feuerwehrmuseum, Overhuesweg 18, ☎ 94393 Thema: Sicherung und Erhaltung alter Traditionsstücke des Feuerlöschwesens. @ lkd814

St. Cyriakus, Kirchpl. Die fünfschiffige Kirche im neugotischen Stil wurde im Jahr 1897 erbaut. Sie verfügt über eine beeindruckende Innenausstattung.

Gut Stovern. Das dreiflügelige Rittergut wurde erstmals im Jahr 1230 als Stammsitz von Arnold von Stövern erwähnt. Da das Schloss heute bewohnt ist, ist es für Besichtigungen leider nicht zugänglich. @ jfy864

Feuerwehrmuseum in Salzbergen

Denkmalslokomotive, Bahnhof, ☎ 94790, ☎ 2536. Die Denkmalslok wurde 1942 von der Firma Krupp gebaut. Es handelt sich hier um eine 043-Dampflok. @ asj736

Heimathaus, Kolpingstr. 1, ☎ 2643. Im Fachwerkstil umgesetztes Heuerhaus mit alter Diele. @ ejl754

Kolping-Bildungshaus, Kolpingstr. 4, ☎ 94940. Bildungsstätte im Fachwerkstil mit Teichanlage. @ jdb627

Walderlebnispfad Salzbergen, Stoverner Wald, ☎ 94790. Staunen und Begreifen auf spielerischer Entdeckungsreise im Stoverner Wald. @ rru246

Die Ursprünge von Salzbergen reichen bis in die vorchristliche Zeit zurück, erstmals schriftlich erwähnt wurde der Ort jedoch erst im Jahre 1177. Lange Zeit hatte Salzbergen den Status eines Bauerndorfes, doch mit dem Bau der Eisenbahnlinie und der Errichtung der Erdölraffinerie im 19. Jahrhundert begann schließlich der wirtschaftliche Aufschwung. Nach den beiden Weltkriegen mussten sowohl die Raffinerie als auch zahlreiche Gebäude neu aufgebaut werden. Heute ist Salzbergen mit den Ortsteilen Holsten-Bexten, Hummeldorf und Steide eine Gemeinde, die Einwohnern und Touristen einiges zu bieten hat.

Von Salzbergen nach Rheine — *10,5 km*

20 An der Ampelkreuzung links und wieder auf den Rad- und Fußweg ~ vor der Brücke, die über die Ems führt, rechts in den Weg Richtung Rheine ~ an der Kreuzung links halten ~ über einen kleinen Bach, dann rechts in den **Salzweg** ~ an der Kreuzung rechts ~ an der folgenden Kreuzung links ~ weiter dem Straßenverlauf folgen ~ **21** die Kreuzung geradeaus überqueren, dann an der T-Kreuzung bei den Silos links halten ~ weiter in den Land- und Forstwirtschaftsweg mit der 3,5-t-Beschränkung ~ wenn sich die Straße teilt, halten Sie sich links und fahren in den Wald hinein ~ über einen kleinen Bach ~ der **Pappelallee** folgen und unter der Autobrücke hindurch ~ vor der Saline Gottesgabe links in den asphaltierten Schlossweg.

Bentlage (Rheine)

Vorwahl: 05971

Museum Kloster Bentlage, Bentlager Weg 130, ☎ 918400 Westfälische Galerie mit Werken der bedeutendsten westfälischen Künstler der letzten hundert Jahre sowie Dokumente und

Kunstwerke des Kreuzherrenklosters und späteren Klosters Bentlage. Glanzstücke sind die im deutschsprachigen Raum einmaligen spätmittelalterlichen Reliquiengärten. @ ara767

Kloster Bentlage, Bentlager Weg 130, ✆ 918468. Das Kreuzherrenkloster wurde 1437 gegründet und präsentiert sich heute als Kunst- und Kulturdenkmal ersten Ranges. @ soj157

Saline Gottesgabe, Salinenstr. 105. Im Naherholungsgebiet Rheine-Bentlage befindet sich die älteste Salinenanlage Westfalens mit Salzsiedehaus und Gradierwerk. Der Salinenpark wurde vom Europäischen Gartennetzwerk ausgezeichnet. Der Rheine.Tourismus.Veranstaltungen e. V. bietet unterhaltsame Führungen zur Salz-, Kloster- oder Naturroute innerhalb des „Bentlager Dreiklangs". Informationen unter ✆ 05971/9127894. @ wmc366

NaturZoo Rheine, Salinenstr. 150, ✆ 161480 (7d) Einmalige Naturzoo-Anlage mit Affenwald, Storchenreservat, Streichelzoo u. v. m. @ owe557

Das nördlich von Rheine gelegene Kloster Bentlage wurde 1803 im Rahmen der Säkularisierung aufgehoben. Einige Jahre später baute die Adelsfamilie Looz-Corswarem die Anlage zum Schloss um. Dieses blieb bis 1946 in Familienbesitz. 1978 erwarb die Stadt Rheine das Anwesen. Nach einem 10-jährigen Wieder-

Im Salinenpark der Saline Gottesgabe

aufbau konnte das Klosterschloss im Jahr 2000 der Öffentlichkeit zugänglich gemacht werden. Es dient heute vor allem kulturellen Zwecken. Unter anderem ist es Sitz der 1956 an diesem Ort gegründeten Europäischen Märchengesellschaft. Aufgrund seiner Lage an der Ems und dem nahe gelegenen Naturzoo bildet es ein beliebtes Ausflugsziel für Natur- und Kulturliebhaber.

22 Am Schloss vorbei und weiter auf dem unbefestigten Weg, dem **Bentlager Weg** auf dem Weg entlang der Ems nach Rheine weiter bis zur ersten Fußgängerbrücke, hier können Sie rechts die historische Innenstadt besuchen.

Rheine

Vorwahl: 05971

Rheine. Tourismus. Veranstaltungen. e. V., Bahnhofstr. 14, 800650, yqt671

Falkenhof-Museum, Tiefe Str. 22, 920610 Der nach den früheren Besitzern, der Familie von Valke, benannte Hof gilt als „Urzelle" von Rheine und wurde 838 erstmals urkundlich erwähnt. Heute wird der Falkenhof als Museum der Stadt Rheine genutzt. In den zeitgemäß eingerichteten Räumen entdecken

Sie u. a. archäologische Fundstücke, eine umfangreiche Kunstsammlung und eine Waffensammlung. @ cje284

- **Apothekenmuseum**, Marktstr. 2 © Die bereits 1677 urkundlich erwähnte Löwenapotheke gilt als eine der ältesten und bedeutendsten Apotheken des Münsterlandes. In dem denkmalgeschützten Gebäude sind zahlreiche Gerätschaften und Einrichtungsgegenstände aus mehreren Jahrhunderten Pharmaziegeschichte ausgestellt. @ dbi523
- **Kath. Basilika St. Antonius**, Bevergerner Str. 25. Neoromanische Pfarrkirche mit dem höchsten Turm des Münsterlandes.
- **St. Dionysius**, An der Stadtkirche, ✆ 91451100. Spätgotische Hallenkirche, die zwischen 1400 und 1520 erbaut wurde. @ kgf384
- **Emsmühle**, Mühlenstr. 64. Das Natursteingebäude wurde 1754 erbaut, die Mühle war bis 1965 in Betrieb.
- **Historischer Marktplatz**. Der Marktplatz spiegelt nahezu ungestört den Charakter einer mittelalterlichen Stadt wider.
- **Historischer Rundgang**, ✆ 800650. Die Stadttour führt an ausführlich beschriebenen Stationen vorbei.
- **Hallenbad Rheine**, Hemelter Str. 38, ✆ 45310, @ udw846

Von Rheine nach Hörstel *14,5 km*

23 Für die Weiterfahrt fahren Sie zur Fußgängerbrücke hinauf, hier befindet sich auch das

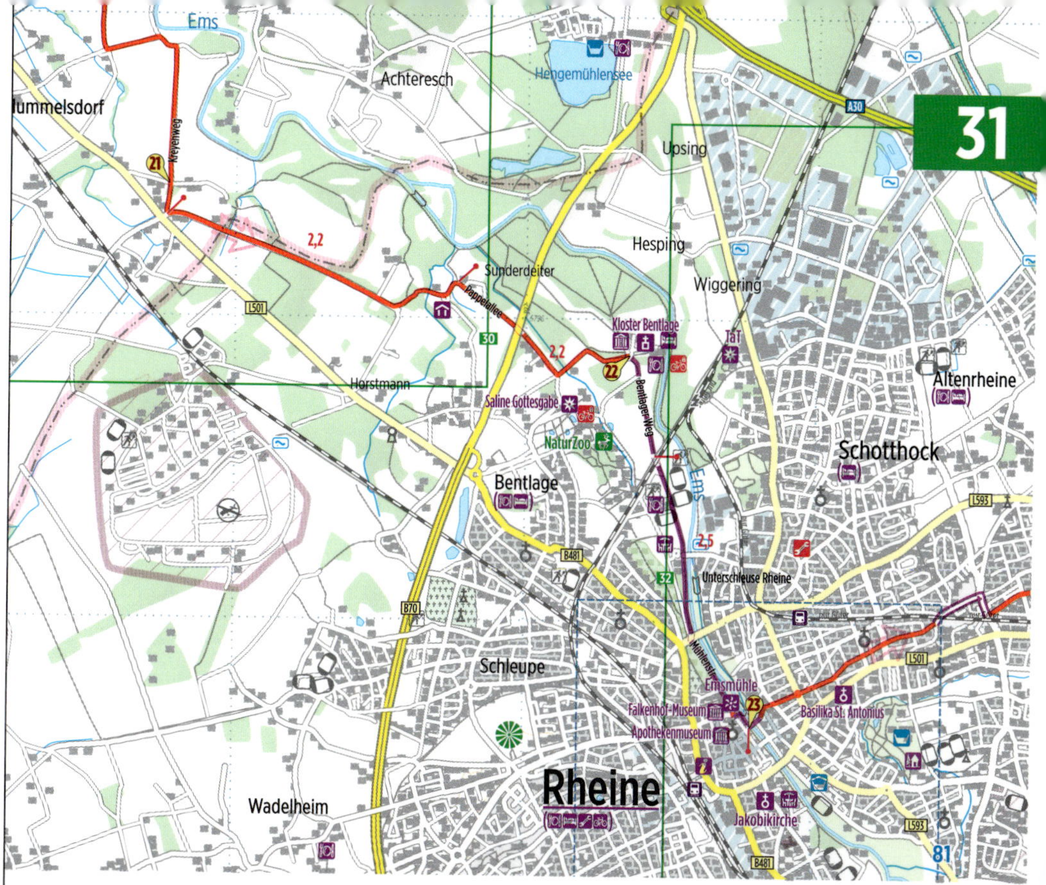

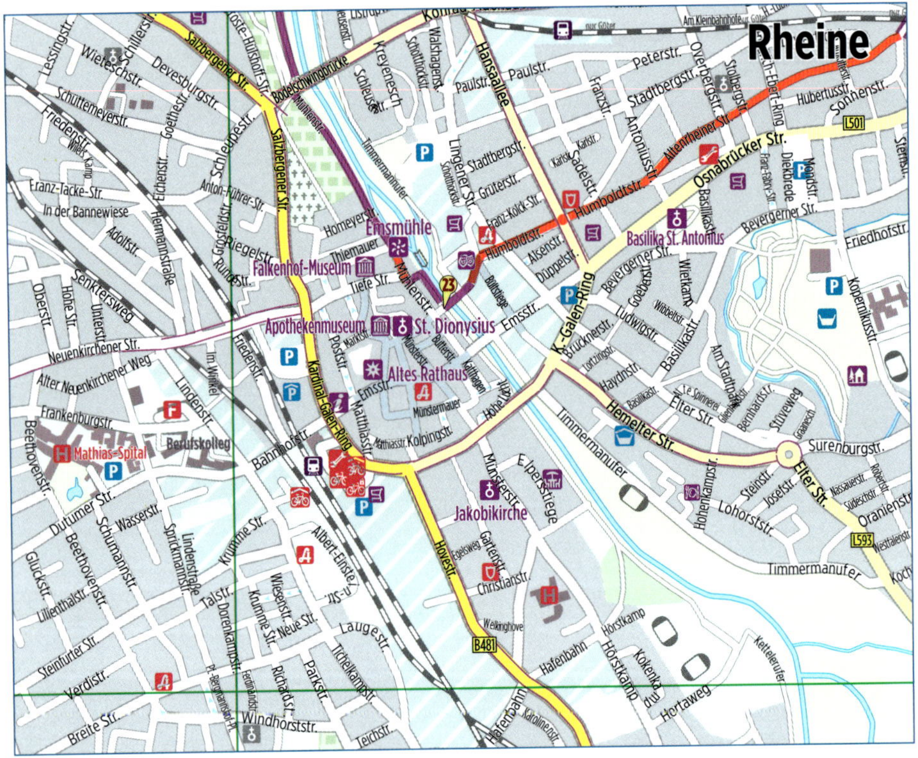

Hotel-Restaurant Lücke → auf der Brücke die Ems überqueren → rechts an der Stadthalle und der Parkgarage vorbei → vor zur Lingener Straße → diese überqueren und geradeaus in die **Humboldtstraße** → geradeaus über die **Hansaallee** → leicht links in die **Altenrheiner Straße** → immer dem ruhigen Straßenverlauf folgen → an der T-Kreuzung mit der **Sonnenstraße** links, weiter auf dem linksseitigen Rad- und Fußweg und die Gleise überqueren → an der Kreuzung rechts in die **Windmühlenstraße** und wenig später links in die **Dörenther Straße** → geradeaus verlassen Sie den Ort → der sanften Linkskurve folgend in die **Möllerhookstraße** → **24** in **Niemer** den Russenweg überqueren und weiter auf dem Land- und Forstwirtschaftsweg → an der Kanalbrücke vorbei und bald dem Rechtsbogen folgen → an der **L 501** links und nach gut 100 m wieder nach links → kurz nach den letzten Häusern links und vor dem Kanal rechts → unter der Eisenbahn-Brücke hindurch und entlang des Kanales → unter der Straßenbrücke hindurch → hinter der nächsten Brücke scharf rechts und rechts auf dieser Brücke den Kanal überqueren ⤳ am anderen Ufer rechts und weiter entlang des Kanals ⤳ über eine Kreuzung und geradeaus in den **Alten Schulweg** ⤳ durch kleine Waldstücken ⤳ **25** rechts unter der Bahn hindurch und an der folgenden Gabelung links halten ⤳ an der T-Kreuzung rechts ⤳ wieder ein Stück am Kanal entlang ⤳ vor den Seen links und den Torfmoorsee halb umrunden.

Torfmoorsee

Der etwa 24 Hektar große See ist als Baggersee entstanden, als Anfang der 1970er Jahre beim Bau der Autobahn A 20 für einen Autobahndamm Sand als Schüttmaterial gebraucht wurde. 10 Jahre später war dann das Erholungsgebiet Torfmoor angelegt. Dazu gehören u. a. die Badebucht mit Sandstrand, der 2,5 Kilometer lange Rundwanderweg, ein geologischer Lehrpfad sowie ein Sanitärbereich und ein Café.

Sie kehren dem See den Rücken ⤳ an der T-Kreuzung links auf die **K 14** ⤳ die Autobahn unterqueren, dahinter rechts und

Blick auf Rheine

Rheine, St. Antonius Basilika

gleich wieder rechts ~ der Weg entfernt sich von der Autobahn und erreicht bald darauf Hörstel ~ auf der **Talstraße** hinein in den Ort ~ an der ersten Kreuzung links in die **Lehmstiege** ~ am Ende der Straße leicht links versetzt über die Glashüttenstraße und entlang einer Baumreihe ~ links unter der Bahn hindurch und an der T-Kreuzung rechts in die **Liststraße** ~ der Rechts-Links-Kurve folgen, dann am folgenden Abzweig links in die **Von-Ketteler-Straße** ~ quer über eine Art Platz und an dessen Ende rechts in die kleine **Hänselstraße** ~ an der **Bahnhofstraße** links, gleich wieder rechts in die **Marktstraße** und deren Kurven folgen.

Hörstel

Vorwahl: 05459

Tourist-Information, Am Markt 8, Bevergern (Hörstel), ✆ 9069348, @ omn368

Knollmanns Mühle, Uferstr. 38, 🕒 Mai-Sept, Sa, So/Fei 14-18 Uhr. Die Entstehungsgeschichte der nordöstlich von Hörstel gelegenen Doppelmühlenanlage lässt sich bis 1796 zurückverfolgen. 1993 wurde sie restauriert und als technisches Denkmal (Sägetechnik mittels Wasserkraft) zugänglich gemacht.

Von Hörstel nach Ibbenbüren — *13 km*

In der zweiten Rechtskurve geradeaus und über die Ibbenbürener Straße ~ im Anschluss geht es leicht geschwungen weiter ~ vorbei am Friedhof ~ **26** am **Langenhorstweg** rechts und dem Weg folgen ~ beim kleinen Kreisverkehr rechts weiter und am Ende der Tempo-30-Zone in den Feldweg ~ nun der Hörsteler Aa folgen ~ unter der L 501 hindurch und weiter entlang der Hörsteler Aa ~ die Bahngleise unterqueren und gleich links auf der Brücke über den Fluss ~ über die K 38 ~ kurz vor dem Mittellandkanal rechts auf die asphaltierte **Hüttenstraße** ~ an der Vorfahrtsstraße links auf den linksseitigen Rad- und Fußweg ~ über den Mittellandkanal und nach Gravenhorst hinein.

Gravenhorst (Hörstel)

DA Kunsthaus Kloster Gravenhorst, Klosterstr. 10, ✆ 02551/694200, 🕒 Di-Sa 14-18 Uhr, So/Fei 11-18 Uhr. Die ehemalige Abtei der Zisterzienserinnen (1256-1808) ist heute noch fast unversehrt in jenem Zustand zu besichtigen, in dem sie sich zur Zeit ihrer Auflösung befand. Sie zeigt auch das Kloster als Wirtschaftseinheit mit Back- und Brauhaus sowie angrenzender

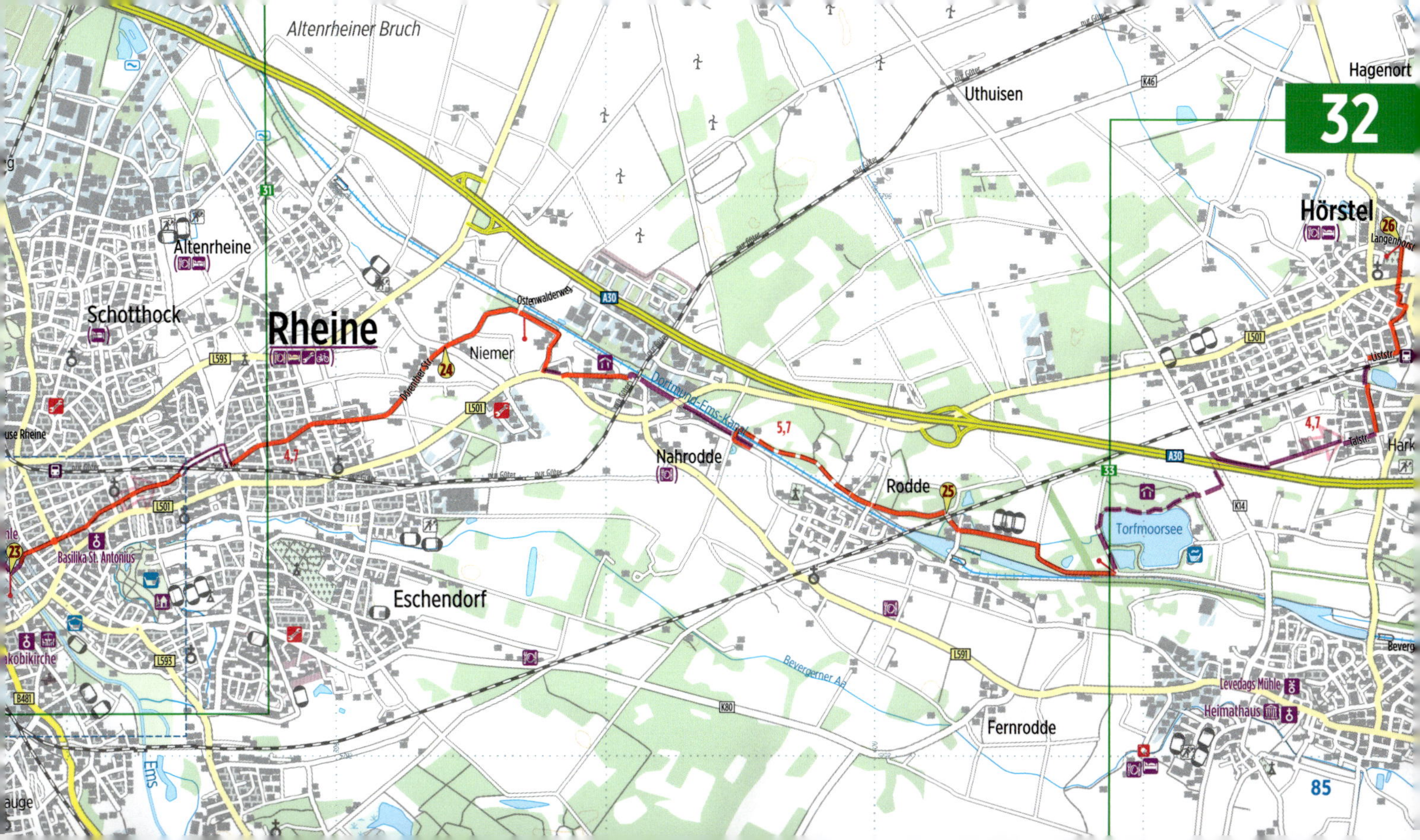

Altenrheiner Bruch
Uthuisen
Hagenort
32
Hörstel
Langenhorst
Altenrheine
Schotthock
Rheine
Ostenwalderweg
Niemer
Dorenther Str.
L593
L501
A30
Dortmund-Ems-Kanal
Nahrodde
Rodde
Liststr.
Talstr.
Hark
K46
K14
5,7
4,7
31
33
Torfmoorsee
Basilika St. Antonius
Jakobikirche
Eschendorf
Bevergerner Aa
L591
K80
B481
Levedags Mühle
Heimathaus
Fernrodde
Ems
Beverg
nur Güter
23
24
25
26

Klostermühle. Umgebaut zu einem Kunsthaus von überregionaler Bedeutung, finden sich hier und im Umfeld Objekte der Skulptur-Biennale Steinfurt, hinzu kommen zahlreiche kulturelle Veranstaltungen. @ vmd544

27 Beim Kloster links in den Anliegerweg **Mühlenbrook** ~ weiter zur Ibbenbürener Aa und davor rechts in den Weg Richtung Ibbenbüren und Püsselbüren ~ nun dem Verlauf des Flüsschens folgen ~ weiter zu einer Brücke und hier auf das linke Ufer ~ auf dem Anliegerweg weiter der Ibbenbürener Aa folgen ~ **28** die Kreuzung geradeaus überqueren und weiter dem asphaltierten Weg folgen ~ auch die nächste Kreuzung geradeaus überqueren und weiter zur L 594 ~ **29** Sie queren die Straße und fahren kurz links auf dem rechtsseitigen Rad- und Fußweg ~ gleich darauf rechts in den Weg Richtung Tecklenburg und Mettingen ~ auf dem Radweg entlang der Ibbenbürener Aa.

Ibbenbüren

INS ZENTRUM Nach etwa 1 km können Sie auf Höhe der Brücke links in die Innenstadt von Ibbenbüren radeln.

Ibbenbüren

Vorwahl: 05451

- **Tourist-Information**, Oststr. 28, ✆ 545450, @ kee616
- **Bergbaumuseum**, Osnabrücker Str. 112, ✆ 78110, ✆ 88678 Anhand von historischen Originalmaschinen und Werkzeugen, aber auch Mineralien und Fossilien erhalten Sie einen Einblick in die faszinierende Arbeits- und Technikwelt des Bergmannes. @ chw324
- **Fahrzeug- und Technikmuseum „Alte Feuerwache"**, Püsselbürener Damm 23, ✆ 0170/2722321 Zahlreiche Oldtimermodelle von der Draisine bis zur Rennmaschine können in Augenschein genommen werden. @ rmt867
- **Motorradmuseum**, Markweg 26, ✆ 6454 Über 180 Ausstellungsstücke stehen bereit, darunter einzigartige Raritäten, wie die „Diel" von 1927. @ efj278
- **Stadtmuseum**, Breite Str. 9, ✆ 5047795 Heimatmuseum zur Geschichte Ibbenbürens. @ ina145
- **Christus-Kirche**. Spätgotische Hallenkirche aus dem 16. Jh.
- **St. Mauritius**. Römisch-katholische Pfarrkirche aus Ibbenbürener Sandstein.
- **Kletterwald**, Ledder Str. 110, in der Nähe des Aasees, ✆ 05407/3469210. Mit zehn Parcours von 1-14 m Höhe. @ kkj251
- **Sommerrodelbahn mit Märchenwald**, Münsterstr. 265, ✆ 3226, Osterferien-Ende Herbstferien ab 10.30 Uhr, @ ctb686
- **Botanischer Garten Loismann**, Loismannweg 10, Dörenthe (Ibbenbüren), ✆ 5454540, April-Okt. Der Botanische Garten entstand parallel zum Bau des Dortmund-Ems-Kanals in den Jahren 1894/95.
- **NaturaGart-Park**, Riesenbecker Str. 63, Dörenthe (Ibbenbüren), ✆ 59340. Großflächige Teichanlagen mit Pflanzungen, Dachbegrünung, Gewächshäusern, Wintergärten etc., in denen Sie seltene Vogelarten, verschiedene Seerosen-Sorten und der Gesang aus tausenden Froschkehlen begeistern. Ein großer Unterwasserpark mit Grotten, Höhlen und Tempeln lädt zum Tauchen ein. @ naa853

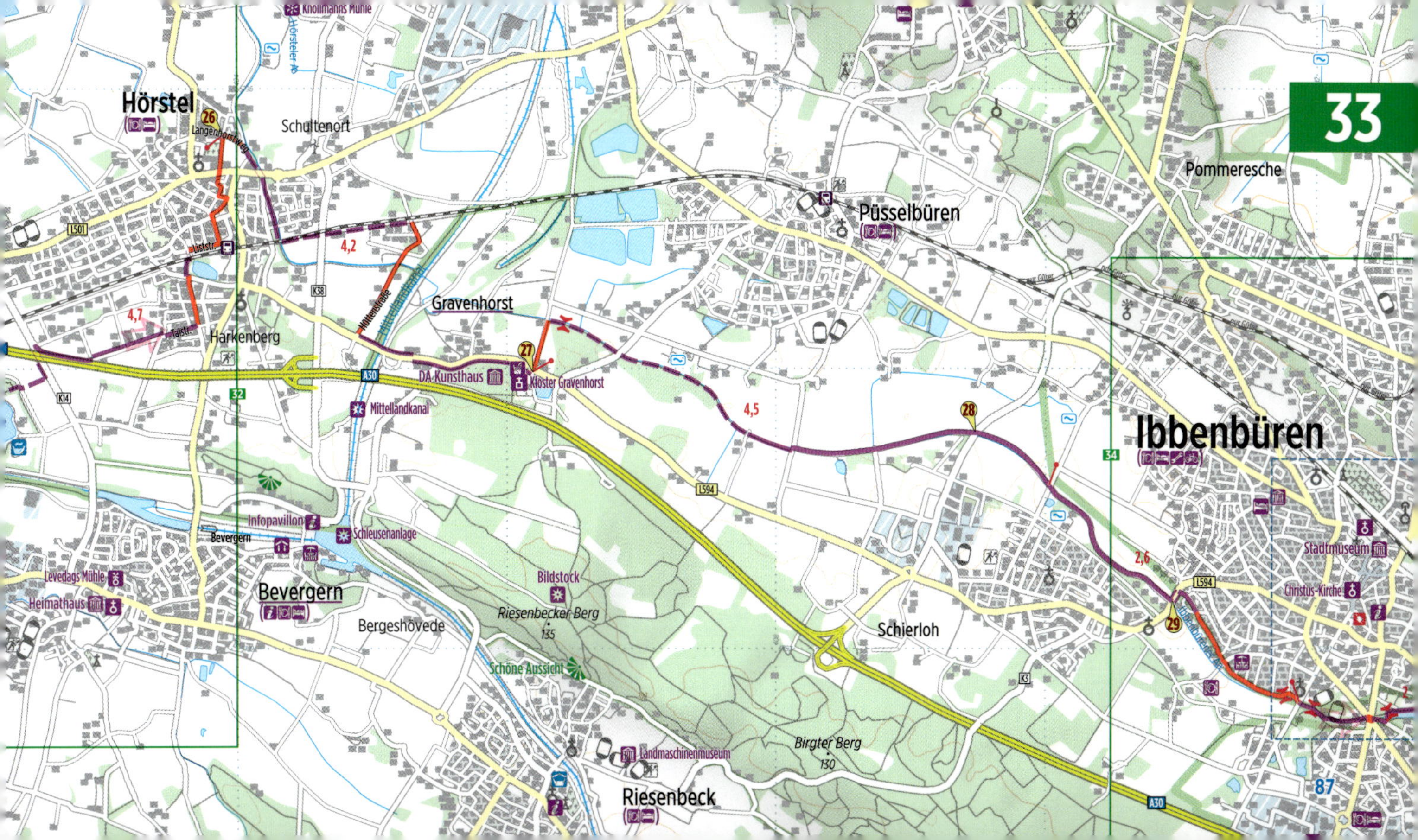

33
Hörstel
Schultenort
Langenhorstweg
Liststr.
Talstr.
Harkenberg
4,2
4,7
4,5
2,6
26
27
28
29
Hüttenstraße
Mittellandkanal
Gravenhorst
DA Kunsthaus
Kloster Gravenhorst
Mittellandkanal
Knollmanns Mühle
Hörsteler Aa
Püsselbüren
Pommeresche
Ibbenbüren
Stadtmuseum
Christus-Kirche
Infopavillon
Schleusenanlage
Bevergern
Bevergern
Levedags Mühle
Heimathaus
Bergeshövede
Bildstock
Riesenbecker Berg
135
Schöne Aussicht
Schierloh
Birgter Berg
130
Landmaschinenmuseum
Riesenbeck
A30
L501
L594
K38
K14
K3
32
34
87

Ibbenbüren, NaturGart-Park Dörenthe

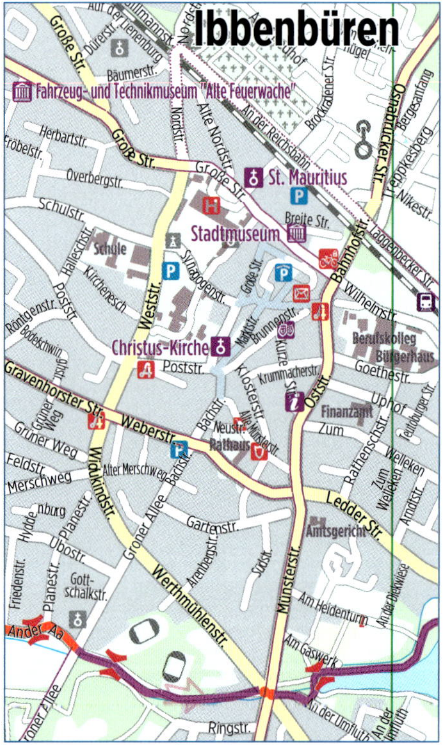

Aaseebad, An der Umfluth 99, ✆ 14770. Freizeitbad mit einer 100 m langen Großwasserrutsche, Wellenbecken, Massage- und Strömungsbereichen, Grotten, Kinderspielbecken u. v. m. Das 100 m² große Außenbecken ist ganzjährig nutzbar. @ imb213

Von Ibbenbüren nach Lotte — *15 km*

Nach einem Besuch des Stadtzentrums fahren Sie weiterhin auf dem Uferweg entlang der Ibbenbürener Aa Sie kommen an Sportplätzen vorbei an der Straßenkreuzung wechseln Sie kurz auf das rechte Ufer, halten sich dann aber wieder links und gelangen zum Aasee über die kleine Brücke und weiter am linken Ufer des Sees gegen Ende des Sees links weg und auf einer Brücke die Gleise überqueren rechts hinunter auf den Parkplatz diesen überqueren und am Heimathaus links vorbei am Freizeitpark über einen Parkplatz und an der Straße rechts nach den Sportplätzen links in den Weg **Am Sportzentrum** **30** an der Querstraße rechts auf die **Wilhelmstraße** die Kreuzung geradeaus überqueren und weiter auf der Fahrradstraße, der Straße **Wiesebrook** auf der Straße bis vor zur Kreu-

34
Schafberg
Wiehe
Bergbaumuseum
Willi-Hellermann-Museum
Ibbenbüren
Alstedde
Fisbecker Forst
Stadtmuseum
Christus-Kirche
Hof Löbke
L594
Laggenbeck
Wilhelmstraße
Wiesebrook
Lauweg
4,2
2
Aasee
Kletterwald
Hist. Dampflokbahnhof
Beachclub
Aaseebad
Osterledde
Velper Straße
Bröckbachstraße
Naturpark Nördl. Teutob. Wald Wiehengeb. Osnabrücker Land
A30
Motorradmuseum
Lehen
B219
Sommerrodelbahn mit Märchenwald
Dörenther Klippen
Hockendes Weib
L504
Wieck
Dane
33
35
30
31
32
4
89

Am Markt in Ibbenbüren

zung ~ geradeaus weiter und dem Radweg folgen ~ im Linksbogen auf einer Brücke die Straße überqueren ~ dann rechts und weiter auf der Straße parallel der Bahngleise nach Laggenbeck hinein.

Laggenbeck

31 Vorbei am Bahnhof und an der Kreuzung mit der Bocketaler Straße weiter geradeaus ~ an der nächsten Kreuzung links über die Brücke und gleich danach rechts in die **Velper Straße** ~ dem Straßenverlauf folgen, bald links der Bahnlinie ~ **32** Sie wechseln nach 1,8 km auf die rechte Seite der Bahn ~ dem Verlauf der **Brockbachstraße** in Kurven folgen, hier links halten und weiter dem Straßenverlauf folgen ~ nach der Linkskurve an der T-Kreuzung links nach Velpe.

Velpe (Westerkappeln)

Haus Velpe. Von dem ehem. Rittergut der Familie Velpe ist heute nur noch das Torhaus und ein Teil der Gräfte erhalten.

Unter der Bahn hindurch und rechts weiter in den Weg **Hollesch** ~ an der Vorfahrtsstraße links ~ bei der Kirche am Waldrand nach rechts abzweigen ~ vorbei an einer Tierarztpraxis und in den Wald hinein ~ rechts in den **Hiälweg** und immer geradeaus weiter ~ **33** an der Vorfahrtsstraße, der **Velper Straße**, links ~ unter Hochspannungsleitungen hindurch, links befindet sich ein Umspannwerk ~ an der **Ibbenbürener Straße** rechts Richtung Osnabrück und die Gleise überqueren ~ am Kreisverkehr geradeaus weiter ~ dem Radweg bis nach Lotte folgen ~ **34** am Kreisverkehr links in die **Bahnhofstraße**.

Lotte

Evang. Kirche, Kirchplatz 2. Die 1315 geweihte Kirche im Stil der Dorfgotik des Münsterlandes weist als Besonderheit einen schiefen Turm auf.

Haus Herwerth, Bahnhofstr. 13. Das westfälische Zweiständerhaus wurde 1858 in Fachwerkbauweise errichtet. Heute ist im Haus eine Begegnungsstätte der Gemeinde untergebracht.

AUSFLUG Am kleinen Kreisverkehr bringt Sie ein Abstecher nach links zum Traktorenmuseum, wo an den Wochenenden und an Feiertagen in zwei Fachwerkgebäuden alte Landwirtschaftsmaschinen wie beispielsweise von Lanz oder Hanomag zu sehen sind.

Westerkappeln

Traktorenmuseum Westerkappeln, Lotter Str. 20, ✆ 05404/1785, April-Okt., Sa, So/Fei 10-18 Uhr. Der Grundstock des Museum stammt aus den 1960er Jahren. Heute ist die Sammlung landwirtschaftlicher Geräte zur bedeutendsten und umfangreichsten im nordwestdeutschen Raum angewachsen. Mit Bauerncafé. @ dsl351

Bullerteich, Bullerteichstr. 12, ✆ 05404/2422

Von Lotte nach Osnabrück — *13 km*

Im Ort halten Sie sich auf Höhe der Apotheke rechts, die Bahnhofstraße ist nun schmaler ~ nach 500 m rechts in den **Merschweg** ~ an der zweiten Kreuzung links in die **Krümpelstraße** und im Rechtsbogen in den Weg **Feldmark**

35
Leuchtenburg
Windmühlenberg
120
K25
Düte
Traktormuseum Westerkappeln
Hollenbergs Hügel
Ortfeld
L501
1,8
Lotte
Atterfeld
2,8
0,5
Merschweg
Feldmark
Haus Herwerth
Tecklenburgerstr.
34
33
4,5
Hiälweg
Lada
Handrape
Velpe
Haus Velpe
Hambüren
Spellhof
36
Gohfeld
2,8
A1
A30
Heidesee
Goldbach
Knochenort
edde
32
Brockbachstraße
4
34
Glinsfort
Hagenberg
130
Hagenberg
Stehrenberg
90
Tolksdorf
Danebrock
Neustadt
Gaster Berg
85
Gaste
Heinkengarten
91
Düte
7
Naturpark Nördl. Teutob. Wald-Wiehengeb. Osnabrücker Land

→ die Autobahn überqueren und bald links folgen, noch immer auf dem Weg Feldmark → vorbei an einem Gehöft und im weiten Rechtsbogen → an der ersten Kreuzung links in den **Wacholderweg** → an der Querstraße rechts auf

Osnabrück, Marienkirche

den linksseitigen Radweg und am Kreisverkehr vorbei → den Goldbach überqueren, bald danach scharf links in die **Sundernstraße** und kurz darauf rechts in den **Heringer Weg** → bald über das Flüsschen Düte → an der Kreuzung links in die Straße **Zum Flugplatz** → **35** rechts in den **Lotter Kirchweg** → halten Sie sich an der Kreuzung geradeaus → weiter durch den Wald → außerhalb des Waldes vorbei am Parkplatz und am Friedhof → an der Kreuzung rechts in den Weg **Trotzenburg** → vorbei am Tennisplatz und an der Vorfahrtsstraße links auf den Radweg → bei der Ampel rechts und weiter auf der **Ernst-Sievers-Straße** Richtung Belm und Zentrum → vorbei an Sportplätzen und weiter dem Verlauf dieser Straße folgen → immer geradeaus → die Ernst-Sievers-Straße geht dann in die **Katharinenstraße** über → nach zahlreichen Querstraßen über den Heger-Tor-Wall → vorbei an der Katharinenkirche, diese befindet sich links von Ihnen, und links in die Straße **An der Katharinenkirche** → hier befindet sich bereits die Fußgängerzone, Radfahren ist jedoch erlaubt → weiter bis zur Straße **Kamp** und in diese nun rechts einbiegen → dieser Straße nun folgen → den Neuen Graben überqueren und leicht links versetzt in die **Lyra-Straße**, diese geht über in die **Kolpingstraße** → vor bis zur **Süsterstraße** und hier links → die Johannisstraße geradeaus überqueren und rechts an der Kirche vorbei → weiter auf der Straße **Johannisfreiheit** und am Marienhospital vorbei → den Kollegienwall/Pottgraben geradeaus überqueren und weiter auf der **Heinrich-Heine-Straße** → die Hase sowie den Goethering/Konrad-Adenauer-Ring überqueren und der **Heinrich-Heine-Straße** nun weiter bis zum Bahnhof von Osnabrück, dem Ziel der Hase-Ems-Tour, folgen.

Osnabrück s. S. 92

Sie haben nun das Ende Ihrer Radreise erreicht. Wir hoffen, Sie hatten einen erlebnisreichen und interessanten Radurlaub und freuen uns, dass Sie ein *bikeline*-Radtourenbuch als Begleiter gewählt haben.

Das gesamte *bikeline*-Team wünscht Ihnen eine gute Heimreise!

Attersee
In der Strothe
Leuchtenburg
Hafen
Atter
Gut Leye
Eversburg
Römereschstr.
Hase-Ufer-Weg
1,4
Düte
Rubtenbruchsee
Bürgerpark
Atterfeld
1,5
Botanischer Garten
Lotte
2,8
0,5
Merschweg
Feldmark
Westerberg
Dom St. Peter
Remarque-Friedenszentrum
Haus Herwerth
Felix-Nussbaum-Haus
2,5
Lotter Kirchweg
0,8
2,8
Heringer Weg
35
Ernst-Sievers-Straße
2,8
Katharinenstr.
St. Katharinen
0,6
0,8
St. Johann
17
18
Gohfeld
Schlossgarten
Heidesee
A30
A1
B68
Goldbach
Weststadt
Knochenort
Glinsfort
Wüste
Osnabrück
Stehrenberg
90
Gaste
Hellern
Kalkhügel
95
Kalkhügel
Heinkengarten
Gaster Berg
85
Neustadt

Übernachtungs- und Serviceverzeichnis

Übernachtungsadressen

Dieses Verzeichnis beinhaltet folgende Übernachtungskategorien:

Kategorien

- i Tourist-Information
- H Hotel
- Hg Hotel garni
- Gh Gasthof, Gasthaus
- P Pension, Gästehaus
- Pz Privatzimmer
- Ho Hostel
- Mo Motel
- NF Naturfreundehaus
- AH Apartmenthotel
- B&B Bed and Breakfast
- B Bungalow
- Fw Ferienwohnung (Auswahl)
- Bh Bauernhof
- Hh Heuhotel
- S Sonstiges
- Jugendherberge, -gästehaus
- Campingplatz
- Zeltplatz (Naturlagerplatz)

Die Auflistung stellt keine Empfehlung einzelner Betriebe dar und erhebt keinen Anspruch auf Vollständigkeit. Um das Verzeichnis stets aktuell zu halten, sind wir für Mitteilungen bezüglich Änderungen jeder Art dankbar. Der einfache Eintrag erfolgt für die Betriebe natürlich kostenfrei, aus Platzgründen können wir diesen allerdings nicht garantieren. Vor allem in Tourismusgebieten mit großem Übernachtungsangebot muss die Liste aus Platzgründen automatisiert leicht gekürzt werden.

Kennzeichnung

I	Preiskategorie	unter € 25,–
II	Preiskategorie	€ 25,– bis € 35,–
III	Preiskategorie	€ 35,– bis € 50,–
IV	Preiskategorie	€ 50,– bis € 70,–
V	Preiskategorie	€ 70,– bis € 100,–
VI	Preiskategorie	über € 100,–
o.F.	kein Frühstück angeboten	
HP	mit Halbpension	
	nur Zimmer mit Etagenbad	
	Bett+Bike Betrieb	
2.5	Entfernung vom Weg in Kilometer Luftlinie	

Preise

Die Preise gelten als Richtwert pro Person in einem Doppelzimmer mit Dusche oder Bad inkl. Frühstück.

Die angegebenen Preiskategorien entsprechen dem Stand des Erhebungs- bzw. Überarbeitungszeitraumes und können sich von den tatsächlichen Preisen unterscheiden. Besonders während Messezeiten, aufgrund von unterschiedlichen Zimmertypen und nicht zuletzt saisonal bedingt sind preisliche Schwankungen möglich.

Radwerkstätten u. -vermietung

- Fahrradwerkstatt
- Fahrradvermietung
- E-Bike Ladestation
- E-Bike Verleih
- abschließbare Abstellanlagen

Entfernung

Die blaue Zahl (2.5) beim Betrieb gibt die Entfernung zur Route in Kilometern an. Bitte beachten Sie, dass sich diese Zahl auf die Luftlinie bezieht, ohne Berücksichtigung der Höhenmeter und der tatsächlichen zurückzulegenden Strecke.

Updates

Aktuelle Korrekturen zum Übernachtungsverzeichnis erhalten Sie über das LiveUpdate auf www.esterbauer.com.

bett+bike adfc

Alle mit dem Bett+Bike-Logo gekennzeichneten Betriebe erfüllen die vom ADFC vorgeschriebenen Mindestkriterien als „Fahrradfreundliche Gastbetriebe“ und bieten darüber hinaus so manche Annehmlichkeit für Radfahrer. Detaillierte Informationen finden Sie unter ***www.bettundbike.de***.

adfc
Allgemeiner Deutscher Fahrrad-Club

Melle

Vorwahl: 05422

Kultur- und Tourismusbüro, Markt 22, 9650 0.5

H Bayrischer Hof, Bahnhofstr. 14, 94650, IV 0

H Hotel Melle-Osnabrück, Wellingholzhausener Str. 7, 96240, III-IV 0

P Landesturnschule Melle, Friedrich-Ludwig-Jahn-Str. 16, 94910, III 0

Fahrrad Schwan, Industriestr. 18, 42434 2

Wellingholzhausen (Melle)

Vorwahl: 05422

P Möllering, Am Ring 36, 05429/1525, 0174/1940719, I-II 0

Gesmold (Melle)

Vorwahl: 05402

Gh Wortmann-Klockenbrink, Gesmolder Str. 189, 05422/930186, II 0

Grönegau - Park Ludwigsee, Nemdener Str. 12, 2132 1

Bissendorf

Vorwahl: 0541

Gemeindeverwaltung, Kirchpl. 1, im Rathaus, 05402/4040 0.5

Gh Landhaus Stumpe, Osnabrücker Str. 11, 05402/92470, III 0.5

Schledehausen (Bissendorf)

Vorwahl: 05402

Tourist-Information, Bergstr. 19, 404800 1

H Hünerbeins Posthotel, Bergstr. 2, 99040, IV 1

P Bett & breakfast Am Sonnenwinkel, Am Langenkamp 3, 9419471, 0176/84265020, I 1

Natbergen (Bissendorf)

Vorwahl: 05402

Gh Uthoff, Lüstringer Str. 25, 2015, II-III 0

Osnabrück

Vorwahl: 0541

Tourist Information, Bierstr. 22/23, 3232202 0.5

H Appart, Kirchstr. 50, 123526, III 1.5

H Best Western Hohenzollern, Theodor-Heuss-Pl. 5, 33170, IV-V 0

H Bürgerbräu, Blumenhaller Weg 41, 404350, III-IV 0.5

H Dom-Hotel, Kleine Domfreiheit 5, 358350, III-IV 0.5

H Gretscher Hof, Sandforter Str. 1, 9119990, II-III 0.5

H Huxmühle, An der Huxmühle 14, 957050, III-IV 2

H Klute, Lotter Str. 30, 409120, III-IV 0.5

H Select, Blumenhaller Weg 152, 40490, III-IV 0.5

H Vienna House Remarque, Natruper-Tor-Wall 1, 60960, IV-VI 0.5

H Walhalla, Bierstr. 24, 34910, IV 0.5

H Welp, Natruper Str. 227, 913070, III 0.5

H Westerkamp, Bremer Str. 120, 97770, IV-V 1

H Westermann, Koksche Str. 1, 981140, III 0.5

H mey hotel, Am Wulfter Turm 15, 35044200, III 3

Hg Am Nikolaiort, Kamp 1, 331300, III-IV 0

P Sonnenblume, Knollstr. 155, 9119595, II-III 2

Ho Neustadt, Miquelstr. 34, 51200, II 1

Ho Penthouse Backpackers, Möserstr. 19, 6009606, I 0

Jugendherberge Osnabrück, Iburger Str. 183a, 54284, II 2

Campingplatz Niedersachsenhof, Nordstr. 109, 77226 1

Freizeit am Attersee, Zum Attersee 50, 124147 2

Dependahl, Am Kirchenkamp 14, 45675 0

Möwe, Hauswörmannsweg 88, 5068854 2

Radel Bluschke, Iburger Str. 74a, 53370 1.5

Radstation, Theodor-Heuss-Pl. 2, direkt am Hauptbhf., 259131 0

Zweirad-Fabrik, Meller Str. 235, 572901 1.5

Zweiradcenter Bücker, Johannisstr. 16, 21780 0.5

Westerberg (Osnabrück)

H Parkhotel Osnabrück, Edinghausen 1, 0541/94140, III 1.5

Wallenhorst

Vorwahl: 05407

Gh Gasthaus Barlag, Hollager Str. 121, 3469010, II 1.5

Gh Gasthaus Witte, Pyer Kirchweg 52, 8031950, III 3.5

Gh Gästezimmer Wallenhorst, Große Str. 36, 859666, 0172/1652798, o.F., II 4

Gh Zur Post, Große Str. 17, 1636, III 4

Fw Hansastr. 24, 3479849, II 3

Jugendfreizeitstätte Hollager Mühle, Neulandstr. 44, 5611 0.5

Zweiradhaus Sprenger & Brünink, Alter Pyer Kirchweg 7, 39834 4

Bramsche

Vorwahl: 05461

Tourist-Information im Tuchmachermuseum, Mühlenort 6, 945110 0

H Idingshof, Bührener Esch 1, 8890, III-IV 0

H Penterknapp, Osnabrücker Str. 64, 93770, III 2

H Surendorff, Dinglingsweg 1, 93020, IV 2

Hg Zur Krim, Lindenstr. 69, 3348, II-III 1

Malgarten (Bramsche)

Vorwahl: 05461

P Kloster Malgarten, Am Kloster 6, 94537158, 01577/7902922, II-III 0.5

Rieste

Vorwahl: 05464

H Ringhotel Alfsee Piazza, Am Campingpark 4, 921225, III-IV 0.5

Fw Alfsee Ferienhof, Kl. Wittefelder Ort 8, 5573, II 0

Fw Wübbold, Burlager Ort 64, 900892

Jugendherberge Alfsee, Westerfeldstr. 72, ✆ 92080, I-II 0

Jugendzeltplatz am Alfsee, Am Campingpark 10, ✆ 92120 0

Alfhausen

Vorwahl: 05464

H Sauerland, Hauptstr. 14, ✆ 1231, II 0

Bersenbrück

Vorwahl: 05439

Tourist-Information, Markt 4-6, ✆ 962470 0.5

H Hilker, Bramscher Str. 58, ✆ 60750, III 0.5

H Zum Heidekrug, Neuenkirchener Str. 9, ✆ 3041, III 0.5

Fw Mertens, Heideweg 15, ✆ 808030, III 0

rad+spiel Grewing, Mittelstr. 4, ✆ 2458 0.5

Gehrde

Vorwahl: 05439

B&B Willert, Lange Str. 62, ✆ 2232, II-III 0

Fw Groneick, Schnücks Ort 2, ✆ 1342, I-III 0

Badbergen

Vorwahl: 05433

H Bei Eki, Hauptstr. 38, ✆ 914714, III 0.5

Pz Gästehaus Magdalena, An der B 68 Nr. 182, ✆ 0152/01059200, II 0.5

Fw Demeterhof Brunswinkel - Röh, Bergfelder Ort 1, ✆ 9148531, III 1.5

Fw Drachenstuben, Hauptstr. 48, ✆ 3069297, II 0.5

Fw Hof Roehsmann, Wulfter Str. 6, ✆ 451, ✆ 902500, II 0

Fw Villa Wandervogel, Hauptstr. 49, ✆ 0152/01059200 0.5

Zweirad Paulsen, Hauptstr. 82, ✆ 914599, ✆ 0172/1635459 0.5

Lechterke (Badbergen)

Vorwahl: 05433

Hh Hof Hildebrand, Burenstroaten 5, ✆ 8823, I-II 1

Quakenbrück

Vorwahl: 05431

Tourist-Information Artland, Markt 4, ✆ 907590 0

H Hagspihl, Lange Str. 66, ✆ 2233, III 0

H Velo, Artlandstr. 55, ✆ 9006300 2.5

Hg Bahnhofs-Hotel Quakenbrück, Bahnhofstr. 35, ✆ 2253, III 0.5

Hg Niedersachsen, St. Antoniort 2, ✆ 94770, III-IV 0.5

Fw Am Meisenkasten, Große Hartlage 25, ✆ 6073 1

Fw Lütke Hus, Welkersiedlung 7, ✆ 05433/6858, ✆ 0162/8170303, II-III 1

Fw „Die Königliche", Deichstr. 4, ✆ 5712 0

City-Bike-Shop, Lange Str. 84-86, ✆ 9263565 0

Artland Kotten, Bremer Str. 112 0

Draisinenbahnhof, Hasestr. 13 0.5

Famila-Verbrauchermarkt, Oldenburger Str. 3 0.5

Essen (Oldenburg)

Vorwahl: 05434

Tourist-Information, Peterstr. 7, im Rathaus, ✆ 8833, ✆ 8834 0.5

H Zum Rathaus, Lange Str. 63, ✆ 8097200, II 0.5

Jugendzeltplatz, Unlandweg 9, ✆ 9258074, ✆ 0151/21058786 0

Bunnen (Löningen)

Gh Bunner Krug, St. Michael Str. 5, ✆ 05434/7383, IV 1

Löningen

Vorwahl: 05432

Stadtmarketing, Langenstr. 38, ✆ 80370 0.5

H Altes Gasthaus Stover, Böener Str. 2, ✆ 94400, III 0

H Deutsches Haus, Langenstr. 14, ✆ 94560, III 0.5

H Franziskaner am Markt, Poststr. 10, ✆ 2518, III 0.5

H Rüwe, Kurt-Schmückler-Pl. 10, ✆ 94200, III 0.5

P Huckelriederfeld-Hof, Hahnenmoorstr. 7, ✆ 3710, III 0.5

Fw City Ferienwohnungen, Südtangente 4, ✆ 904500, ✆ 0179/8208599, II 0

Am Wellenfreibad, Angelbecker Str. 5, ✆ 3430, ✆ 94100 0

Der Fahrradladen, Langenstr. 59, ✆ 902106 0

Angelbeck (Löningen)

Vorwahl: 05432

Pz Landhaus Burs, Zum Ehrener Wald 2, ✆ 694, II 0

Aselage (Herzlake)

Vorwahl: 05962

H Aselager Mühle, Zur Alten Mühle 12, ✆ 93480, IV-V 0

Herzlake

Vorwahl: 05962

Gemeinde Herzlake, Neuer Markt 4, ✆ 880 0.5

Hg Flora, Zuckerstr. 43, ✆ 2015, III-IV 0.5

P Menke, Hasestr. 1, ✆ 628, III 0

Fw Country Home, Hasestr. 9, ✆ 2244, ✆ 0175/7775610, II 0

Fw Villa Verde, Hasestr. 7, ✆ 8075583, II 0

Der Radspezi, Löninger Str. 32, ✆ 871393 0.5

Zweirad+Service Helmut Vorholt, Zuckerstr. 36, ✆ 1898 0

Haselünne

Vorwahl: 05961

Tourist-Information, Rathauspl. 1, ✆ 509320 0

H Zum Wacholderhain, Brandenburger Str. 25, ✆ 7915, III 0

Hg Burghotel, Steintorstr. 7, ✆ 94330, IV-V 0.5

Hg Tau Lünne, Löninger Str. 26, ✆ 4091, III 1

P Ferienhof Dröge Polle, Poller Str. 19, ✆ 5375, II 2

Fw Zur Alten Fähre, Heidlandweg 1, ✆ 4069, II 1.5

Comfort Camping, Am Campingpl. 1, ✆ 1331 0

Hase Natur Camping, Großen Dörgen 2, ✆ 2319 1

In der Muhne, Lingenerstr. 22a, ✆ 509320 0

Fahrrad Beelmann, Bahnhofstr. 4, ✆ 260 0.5

Zweirad Placke, Lingener Str. 5, ✆ 4231 0.5

Lehrte (Haselünne)

Vorwahl: 05961

H Landgasthof Redeker, Laurentiusstr. 2, ✆ 958400, III-IV 0.5

Gh Vennemann, Laurentiusstr. 6, ✆ 5192, II-III 0

Fw Seitz, Schulstr. 3, ✆ 6462, ✆ 0174/6676610, I-II 0

Lahre (Haselünne)

Vorwahl: 05961

P Hofcafé Schulte, Am Glockenturm 10, ✆ 918470, III 1.5

Meppen

Vorwahl: 05931

Tourist-Information Meppen (TIM) e.V., Markt 4, ✆ 153153 0.5

H **Schmidt am Markt, Markt 17, ✆ 98100, III-IV** 0.5

H Hermannshof, Borsigstr. 12, ✆ 9986210, III 2

H Parkhotel Meppen, Lilienstr. 21, ✆ 97900, III-IV 1

H Pöker, Herzog-Arenberg-Str. 15, ✆ 4910, III-IV 0

H Von Euch, Kuhstr. 21-25, ✆ 4950100, III-IV 0.5

Jugend- und Kulturgästehaus Meppen, Helter Damm 1, ✆ 8838780, II 0.5

KNAUS Campingpark Meppen, An der Bleiche 1a, ✆ 8811848. Öffnet voraussichtlich im Sept. 2020! 0

Augustin Zweiradladen, Emsstr. 6, ✆ 4099200 0

Fahrradladen Janknecht, Burgstr. 3-8, ✆ 12261, ✆ 89557 0

Hase-Ems-Rad-Service, Bahnhofstr. 33, ✆ 0160/4103137 0

Schleusengruppe (Meppen)

Fw Ferienwohnungen am Heideweg, Heideweg 2, ✆ 05931/8812913, II 1.5

Nödike (Meppen)

Vorwahl: 05931

H Tiek, Junkersstr. 2, ✆ 495290, III 2

Pz Landcafé Alte Scheune, Ringstr. 8a, ✆ 8861122, ✆ 8861133 1.5

Hh Fw Ferienhof Brüning, Landwehr 64, ✆ 13489, I-III 1

Klein Hesepe (Geeste)

Vorwahl: 05937

Fw Niemeyer, Feldstr. 30, ✆ 1512, II 0

Groß Hesepe (Geeste)

Vorwahl: 05937

Tankstelle Stroot, Achterhauk 20, ✆ 1876 0

Dalum (Geeste)

Vorwahl: 05937

Touristikbüro der Gemeinde Geeste, Am Rathaus 3, ✆ 69106 0.5

Fw **Ferienhof Grewe, Mühlenstr. 35, ✆ 8454, ✆ 0176 96023996, I** 1.5

H Aepken, Wietmarscher Damm 10, ✆ 98750, III 1

Fw Meike, Ilexweg 9, ✆ 0171/4241300, I-II 1

Geeste

Vorwahl: 05937

Informationsbüro am Speichersee Geeste, Biener Str. 13a, ✆ 05907/7445 0

Touristikbüro der Gemeinde Geeste, Am Rathaus 3, Dalum (Geeste), ✆ 69106 0.5

H Zur Krone, Osterbrockerstr. 106, ✆ 05907/947690, III 0.5

Jugendhaus am Speicherbecken, Biener Str. 13, ✆ 05907/7445, II 1

Holthausen (Lingen (Ems))

Vorwahl: 0591

Fw Emsland Appartement, Kroppstr. 7, ✆ 0151/54618643, I-II 0

S Ludwig-Windthorst-Haus, Gerhard-Kues-Str. 16, ✆ 61020, III 0

Altenlingen (Lingen (Ems))

Gh Gasthaus Thien, Forstweg 9, ✆ 0591/62693, ✆ 0591/807670, III 1

Lingen (Ems)

Vorwahl: 0591

i Lingen Wirtschaft & Tourismus GmbH, Neue Str. 3a, ✆ 9144144 0.5

H Altes Gasthaus Lübben, Duisenburger Str. 71, ✆ 72153, III 6

H Altes Landhaus, Lindenstr. 45, ✆ 804090, III-IV 0.5

H Burghotel Lingen, Burgstr. 22, ✆ 05961/9649490, III-IV 1

H Kleines Stadthaus, Schlachterstr. 17, ✆ 6100420, III 0.5

H Kolpinghaus, Burgstr. 25, ✆ 912070, III 1

H Looken Inn, Bernd-Rosemeyer-Str. 21, ✆ 807300, III-IV 1

H Parkhotel, Marienstr. 29, ✆ 912160, ✆ 0171/7632779, IV 1

H Veldscholten, Frerener Str. 4, ✆ 800100, III 2

H Zum Märchenwald, Vennestr. 25, ✆ 912840, III 1

P Lagemann, Hohenfeldstr. 55, ✆ 1450, II 2.5

P Mühlenbachhexe, Dalienweg 5, ✆ 96495950, ✆ 0157/36432462, II 4

Pz Fischer's Hütte Lingen, Strootstr. 29, ✆ 0171/1675919, II 1

Jugendherberge Lingen, Lengericher Str. 62, ✆ 973060, II 4.5

Fahrrad Reiter, Bernardstr. 41, ✆ 9137919 3

Rad & Roller, Kaiserstr. 14, ✆ 9669433 1

Radel Bluschke, Rheiner Str. 126, ✆ 58090 1

Schepsdorf (Lingen (Ems))

Vorwahl: 0591

H Hubertushof, Nordhorner Str. 18, ✆ 912920, III 1

H Waldhotel, Lohner Str. 1, ✆ 800310, III 1.5

Gh Zum Berge, Nordhorner Str. 15, ✆ 3414, III 1

S Kanu-Camp Lingen (Ems), Nordhorner Str. 1b, ✆ 831214 1

Krone Radschlag, Nordhorner Str. 22, ✆ 3054 1

Hanekenfähr (Lingen (Ems))

Vorwahl: 0591

H Am Wasserfall, Am Wasserfall 2, ✆ 8090, III 0

Am Wasserfall, Am Wasserfall 2, ✆ 8090 0.5

Bramsche (Lingen (Ems))

Vorwahl: 05906

Gh Heskamp, Bramscher Str. 29, ✆ 960096, II 2

Gleesen (Emsbüren)

Vorwahl: 05903

P Querdels Hof & Hofcafe, Gleesener Hauptstr. 2, ✆ 0591/9012956, ✆ 0591/3848, II 0

Fw Deiters, Zur Gleesener Schleuse 19, ✆ 0591/2275, ✆ 0151/59944167, I-II

Hein, Zur Hesselter Schleuse 2, ✆ 0176/24456308 1

Emsbüren

Vorwahl: 05903

i VVV Emsbüren e. V., Dahlhok 14, ✆ 935758 0.5

H Fokus, Schulstr. 6-7, ✆ 93390, III 0.5

H Landgasthof Evering, Lange Str. 24, ✆ 935500, III 0.5

Pz Büscherhoff, Haagenkamp 6, ✆ 1029, ✆ 0157/74689794, II 0.5

Pz Deppe, Schnepfenstr. 10, ✆ 940114, ✆ 0176/29043292, I 1

Pz Eilers, Marienstr. 39, ✆ 7242, II 1

Zum alten Fährhaus, Emsstr. 56, ✆ 207 0

T. Kock, Bahnhofstr. 7, ✆ 6544 0

Salzbergen

Vorwahl: 05976

i Gemeinde Salzbergen, Franz-Schratz-Str. 12, ✆ 94790 0.5

H Autohof Salzbergen, Holsterfeld 2, ✆ 97260, III 3

H Bolte, Bahnhofstr. 23, ✆ 344480, III 0.5

H Hotel zur Ems, Emsstr. 12, ✆ 1011, II 0

H Kolping Bildungshaus, Kolpingstr. 4, ✆ 94940 0.5

Pz Speer, Holstener Weg 1, ✆ 344797, ✆ 0160/7368952 1.5

Pz Zeuner, Holstener Weg 5, ✆ 7918 1.5

Fw Evers, Feldhookstr.2, ✆ 7036, ✆ 0176/97601425 2

Zur Ems, Emsstr. 12a, ✆ 0175/2374631 0

Fahrrad Wanning, Bahnhofstr. 2a, ✆ 948450 0.5

Bentlage (Rheine)

Vorwahl: 05971

H Gottesgabe, Salinenstr. 101, ✆ 13205, IV-V 0.5

Hg Kloster Bentlage Rheine, Bentlager Weg 130, ✆ 918468, ✆ 918400, III-IV 0.5

Rheine

Vorwahl: 05971

Rheine. Tourismus. Veranstaltungen. e. V., Bahnhofstr. 14, 800650 0.5

Altstadt, Tiefe Str. 30-32, 804040, III-IV 0.5

City-Club, Humboldtpl. 8, 80800, IV-V 0

Johanning, Breite Str. 131, 3886, II-III 2

Lücke, Heiliggeistpl. 1a, 16180, IV-V 0

Tristan Grün, Neuenkirchener Str. 254, 913304, III 2

Zum alten Brunnen, Dreierwalder Str. 25/27, 961715, III-IV 0

Freye, Emsstr. 1a, 899260, III-IV 0.5

Radprofi Roters, Osnabrücker Str. 91, 66433 0

Radstation am Bahnhof, Am Hauptbahnhofe 6, 162903 0.5

Eschendorf (Rheine)

Vorwahl: 05971

Radsport Frieling, Amselstr. 12, 83434 1.5

Altenrheine (Rheine)

Vorwahl: 05971

Altes Gasthaus Rielmann, Bergstr. 229, 98780, III 1.5

Borchert, Hopstener Damm 260, 98960, II-III 0.5

Landhotel Hopster, Alte Hopstener Str. 26, 961620, III 1

Radsport Laurenz, Edisonstr. 7, 8019010 0.5

Schotthock (Rheine)

Vorwahl: 05971

TAT Hotel, Hovesaatstr. 6, 9900, 0173/9918267, III 0.5

Zweirad Deppen, Ludgeristr. 27, 71014 1

Hörstel

Vorwahl: 05459

Tourist-Information, Am Markt 8, Bevergern (Hörstel), 9069348 2

Haus Hilckmann, Ostenwalder Str. 1, 7513, III 0.5

Xtra Gleis, Bahnhofstr. 52, 80490, III 0

Bevergern (Hörstel)

Vorwahl: 05459

Tourist-Information, Am Markt 8, 9069348 2

Saltenhof, Kreimershoek 71, 805000, III-IV 1.5

Am Nassen Dreieck, Am Hafen 15, 1571, II 1.5

Zum Adler, Lange Str. 35, 8312, II-III 2

Hagel-Jansen, Kanalstr. 81, 7129, II-III 1.5

Riesenbeck (Hörstel)

Vorwahl: 05454

Tourist-Information, Am Markt 8, Bevergern (Hörstel), 05459/9069348 2

Riesenbeck, Sünte-Rendel-Str. 5, 3969895, III-IV 3

Am Hermann, Beethovenstr. 5, 7477, II-III 3

Villa Wasser, Kanalstr. 141, 05459/9728580, III-IV 2

Fahrrad Helmig, Münsterstr. 28, 180080 3.5

Püsselbüren (Ibbenbüren)

Vorwahl: 05451

Haus Kreuzmann, Zum Esch 21, 2211, III-IV 1.5

Ibbenbüren

Vorwahl: 05451

Tourist-Information, Oststr. 28, 545450 1

Brügge, Münsterstr. 201, 94050, III-IV 1

Haus Leugermann, Osnabrücker Str. 33, 9350, III-IV 1.5

Down Under, Poststr. 100, 5053651, II 1

Laggenbeck (Ibbenbüren)

Vorwahl: 05451

Haus Keller, Carl-Keller-Str. 2, 8051, 0160/94860028, III-IV 0

Mühlenkamp, Bocketaler Str. 142, 996420, IV 1.5

Danke

Dank an alle, die uns bei der Erstellung dieses Buches tatkräftig unterstützt haben, im Besonderen an: A. Weise; L. Keßler; G. Hahn, Berlin; W. Japha, Hannover; H. Genau; W. Piroth, Simmern; G. Paffhausen; R. Stevener, Rahden-Varl; I. u. E. Utsch, Wiesbaden; D. Einhoff, Mönchengladbach; I. Mild, Berlin; M. u. F. Havertz; U. Kemmrich; A. Hof; E. u. G. Schwarze; Fam. Dröge, Südkirchen; U. Gagne; K. Böckem, Rommerskirchen; N. Spahl; R. Dietrich, Wermelskirchen; G. Moll, Betzdorf; H.-J. Richter, Dortmund; M. Schräder; M. Voigt; D. Cross; M. Schmidt.

Ortsindex

Die Seitenzahlen ab S. 94 beziehen sich auf das Übernachtungsverzeichnis.